Barreras de Protección

*10 preguntas vitales para guiar
al líder en su jornada espiritual*

TXADOM
Texas Associational Directors
of Missions Network

Barreras de Protección:
10 preguntas vitales para guiar
su jornada ministerial

Todas las citas de las Escrituras están tomadas de
la Nueva Versión Internacional de la Biblia (NVI) ©
por Lifeway's Biblias Hollman 2017

Publicado por
Texas Association of Directors of Missions Network
Impreso en los Estados Unidos de América

Darrell Leon Horn – Editor
Vicente Jaime - Traductor
Albert Diaz – Diseño de portada

ISBN 13: 978-0-578-63533-0

Nosotros dedicamos este libro a los ministros
e iglesias que servimos . . .

2 Corintios 11:28
*Y, como si fuera poco, cada día pesa sobre mí
la preocupación por todas las iglesias.*

CONTENIDO

1

Introducción
El valor de la perspectiva

Por Darrell Horn, D. Min.
Asociación Bautista de San Antonio

¿Otro libro?

Hace unos días me senté en un sofá con mi computadora para trabajar en un documento. Debido a mi vista, siempre uso lentes cuando trabajo en la computadora. Sabía que había tomado mis gafas para leer, pero no podía encontrarlas. Regresé a donde las había tomado y no las vi. Miré en otros lugares pero no podía encontrarlas. Pensé: "Estoy seguro que hace un momento las tenía aquí". Me sentía frustrado porque las perdí en un instante. Entonces, me di cuenta de que mis lentes estaban sobre mi nariz y había estado viendo a través de ellos todo el tiempo. Estaban justo frente a mí, pero no podía verlos.

¡Cuánto se parece esto a otras áreas de nuestra vida! Algo puede estar justo frente a nosotros, pero olvidamos que está allí o simplemente no lo reconocemos. Esto puede pasar con las barreras de protección como las que hay en la carretera, que Dios pone en nuestra vida.

Este libro ya estaba en sus etapas iniciales de desarrollo cuando, a principios de febrero de 2019, se publicaron varios artículos noticiosos y videos sobre abuso pastoral[1]. Estas alarmantes revelaciones públicas confirman una vez más que debemos ver con ojos nuevos los abusos sexuales cometidos por líderes cristianos. Sin embargo, ¿por qué escribir otro libro sobre el tema de líderes cristianos que se descalifican a sí mismos para servir? Buena pregunta. Nuestro caminar por la vida está lleno de giros inesperados. Algunos de esos giros son tan desafiantes que, si no los enfrentamos correctamente, nos causaremos un grave daño a nosotros mismos y a quienes nos rodean. Sí, Dios sana, pero muchas situaciones que enfrentamos pueden dejarnos marcados de por vida. Jacob luchó con el ángel, pero cojeó el resto de su vida. Esta experiencia le dejó una marca indeleble.

Sin barreras de protección, conducir por las curvas del camino de la vida es peligroso. Las barreras de protección son necesarias para ayudarnos a llegar a nuestro destino en la vida. Nosotros mismos nos descalificamos como líderes cuando rebasamos ciertos límites. Queremos estar saludables en todas las áreas de la vida. Queremos el beneficio integral de tener barreras de protección adecuadas en su sitio. Este libro proporcionará barreras de protección específicas para cualquier persona en un puesto de liderazgo.

Se Necesitan Modelos Bíblicos
Todos conocemos bien muchos ejemplos de ministros que han caído en la tentación y se han descalificado como líderes en las últimas décadas. Los líderes en la iglesia de Cristo son llamados a un estándar más elevado de conducta y santidad. Cristo lo exige. Pablo le recuerda a Timoteo que "se aparte de la maldad todo el que invoca el nombre del Señor".[2] Este libro está escrito con la firme creencia de que el llamado a la santidad en el pueblo de Dios debe ser modelado por sus

---

[1] www.houstonchronicle.com/local/investigations/
abuse-of-faith / multimedia.
[2] 2 Timoteo 2:19.

líderes. Pedro declara que los líderes deben

> [cuidar] como pastores el rebaño de Dios que está a su cargo, no por obligación ni por ambición de dinero, sino con afán de servir, como Dios quiere. No sean tiranos con los que están a su cuidado, sino _sean ejemplos para el rebaño._[3]

Sus palabras son tan aplicables hoy como el día en que las escribió.

Hace años, el día anterior a mi segunda graduación del seminario, nuestro presidente se levantó y pasó enfrente para hablar en la capilla. Lo que dijo fue algo que he recordado y apreciado todos estos años. Nos retó a permanecer fieles al llamado de Dios en nuestra vida y a nunca deshonrarnos a nosotros mismos, a nuestras familias y a la iglesia y al Señor que nos había llamado. Nos conminó a que, antes de tomar decisiones que nos descalificaran para servir como líderes en la iglesia por la cual murió Cristo, dejáramos el ministerio. Ese mismo desafío sigue siendo necesario hoy.

Las palabras inspiradas de Pablo nos recuerdan que _"Dios no nos llamó a la impureza, sino a la santidad"._[4] La palabra santificación significa apartar algo como sagrado o consagrarse al servicio de un propósito sagrado. Somos apartados por Dios para vivir vidas consagradas a él. Dios demanda que su pueblo sea santo. Pedro lo dijo de esta manera:

> Como hijos obedientes, no se amolden a los malos deseos que tenían antes, cuando vivían en la ignorancia. Más bien, sean ustedes santos en todo lo que hagan, como también es santo quien los llamó; pues está escrito: «Sean

---

[3] 1 Pedro 5: 2-3.
[4] 1 Tesalonicenses 4: 7.

santos, porque yo soy santo».[5]

Un Nuevo Llamado

Este libro es un llamado renovado a los líderes que son apartados por Dios y se consagran a él. Los líderes de Dios deben ser ejemplo de santidad. El llamado de Dios para servirle a él y a su pueblo es un llamado especial, un llamado divino. Violar los estándares de ese llamado es traicionar al que hace el llamado. Los recientes titulares de noticias nos recuerdan a líderes conocidos que alguna vez fueron ejemplos maravillosos a seguir, pero ignoraron importantes barreras de protección y se descalificaron a sí mismos como líderes. Nuestra exhortación incluye tanto a los líderes de Dios actuales como a aquellos que Dios llame en el futuro.

Como colaboradores, el llamado a cada uno de nosotros es

...que vivan de manera digna del Señor, agradándole en todo. Esto implica dar fruto en toda buena obra, crecer en el conocimiento de Dios y ser fortalecidos en todo sentido con su glorioso poder. Así perseverarán con paciencia en toda situación.[6]

No nos deshonremos a nosotros mismos, a nuestras familias, a la iglesia y al Señor que nos ha llamado. Este libro es un llamado renovado a la vida santa entre los líderes de Dios.

Razones Para Este Libro

El propósito de este libro es proponer una serie de diez preguntas, que son como las barreras de protección en las curvas de las carreteras, relacionadas con el caminar de un líder por la vida. Cada barrera de protección que se coloca y se mantiene en su lugar, ayudará a mantener a todo líder a

---

[5] 1 Pedro 1: 14-16.
[6] Colosenses 1: 10-11.

completar el llamado de Dios. Los directores de diez asociaciones de iglesias de Texas presentarán las diez barreras de protección.

Perspectiva De Primera Mano

Lo que hace diferente a este libro es su grupo de colaboradores. Este libro está escrito desde la perspectiva de líderes que forman parte de una red ministerial, cuyo llamado específico al ministerio es trabajar con otros líderes que sirven en nuestras iglesias locales.

Nosotros, los participantes en este libro, servimos como directores[7] de diferentes asociaciones de iglesias. Hemos colaborado en este libro porque vemos la necesidad de explorar las acciones a través de las cuales un líder se descalifica a sí mismo. Hacemos un llamado a todos los líderes cristianos que sirven o colaboran con la iglesia local a que *"vivan de una manera digna del llamamiento que han recibido"*.[8]

Este libro está escrito desde la perspectiva de líderes que trabajan en estrecha colaboración con ministros, líderes de iglesias e iglesias. Quienes servimos como directores tenemos una perspectiva única. Vivimos y somos parte activa de las mismas ciudades y comunidades donde se encuentran nuestras iglesias. También nos preocupan los ciudadanos y residentes que comparten los mismos intereses con respecto al bienestar de nuestros vecindarios, comunidades locales, gobiernos locales, empresas y sistemas educativos. Entendemos de primera mano el contexto en el que nuestras

---

[7] Esta posición de liderazgo ha sido llamada de muchas maneras diferentes, por ejemplo Director Ejecutivo, Director de Misiones, Misionero de la Asociación y, más recientemente, Estratega de Misiones de la Asociación.
[8] Efesios 4:1. Otras referencias incluyen Colosenses 1:10, 2: 6 y 1 Tesalonicenses 2:12.

iglesias buscan ministrar y los desafíos que enfrentan. Podemos ver a Dios trabajando diariamente en el entorno local y entender cómo podemos participar en lo que él está haciendo a nivel regional. Nos es fácil hablar de los problemas porque vivimos en el mismo contexto que nuestras iglesias locales, mientras que otros líderes estatales o nacionales que no residen en nuestro contexto local tal vez no tengan la misma ventaja. La afirmación de Pablo resuena en nuestras actividades diarias: *"Y, como si fuera poco, cada día pesa sobre mí la preocupación por todas las iglesias".*[9] Las palabras de Jeremías a los hijos de Israel que estaban en cautiverio ayudan a afinar nuestro enfoque: *"Además, busquen el bienestar de la ciudad adonde los he deportado, y pidan al Señor por ella, porque el bienestar de ustedes depende del bienestar de la ciudad".*[10]

Relaciones Profundas

La asociación local es la entidad más cercana a las iglesias locales. Por lo tanto, los directores y sus colaboradores son la organización más cercana para las iglesias locales. Estamos enfocados exclusivamente en el servicio a nuestras iglesias. Debido a nuestra cercanía con la iglesia local, tenemos relaciones de trabajo basadas en la confianza en sus líderes. Nuestras asociaciones han existido por muchas décadas. Al momento de escribir este artículo, la asociación donde yo sirvo tiene una trayectoria de 161 años. Desde la fundación de cada asociación han existido relaciones continuas entre la asociación, nuestras iglesias y los líderes de la iglesia.

El valor de esas relaciones a largo plazo es de vital importancia para un ministerio continuo y no se puede minimizar. Los directores tienen conversaciones privadas con los líderes de las iglesias todos los días. La mayoría de esas conversaciones son altamente confidenciales. Servimos en

---

[9] 2 Corintios 11:28.
[10] Jeremías 29: 7.

formas muy variadas: como amigos, confidentes, compañeros de oración, mentores y consejeros, por mencionar solo algunas. Esas conversaciones, que se desarrollan con base en relaciones donde priva la confianza mutua, son la base de asociaciones y ministerios saludables.

Cuidado A Largo Plazo

Los directores de las asociaciones suelen ser los primeros en lidiar con el daño causado por la caída de un ministro, sea cual sea el motivo. Lidiamos con todos los problemas que una iglesia puede enfrentar. Brindamos atención a largo plazo a muchas personas cuando un líder se descalifica a sí mismo. Vemos de primera mano el daño que sufre el líder, su familia, la iglesia y la comunidad. Desafortunadamente, hemos visto más veces de lo que quisiéramos las heridas que quedan después de que un líder se descalifica para ocupar una posición de influencia. Las consecuencias pueden ser grandes y las personas sufren daños tanto directa como indirectamente. La devastación puede tomar muchos años para sanar. Dios puede propiciar la sanidad y la restauración, pero siempre queda una cicatriz. Ninguna iglesia o líder de una iglesia es una isla. Los directores de las asociaciones y sus colaboradores brindan atención a largo plazo a las iglesias y líderes.

Necesidad De Barreras De Protección

Hemos visto innumerables ejemplos de ministros que han destruido no solo su vida, sino también la de otros, porque ignoraron o nunca tuvieron barreras de protección. Las barreras de protección son los estándares de Dios para caminar por la vida en los carriles correctos en nuestra peregrinación espiritual. A veces, la jornada por la vida puede parecer una carrera de obstáculos llena de baches, curvas sinuosas y tráfico en sentido contrario.

Sin barreras de protección, corremos el riesgo de descalificarnos a nosotros mismos al salirnos de los carriles designados por Dios. Pablo nos recuerda la importancia de vivir de tal manera que, después de haber predicado a otros, nosotros mismos no seremos descalificados. Sus palabras aún resuenan hoy llenas de significado. Su carta a la iglesia en Corinto, inspirada por el Espíritu de Santidad, dice:

¿No saben que en una carrera todos los corredores compiten, pero solo uno obtiene el premio? Corran, pues, de tal modo que lo obtengan. Todos los deportistas se entrenan con mucha disciplina. Ellos lo hacen para obtener un premio que se echa a perder; nosotros, en cambio, por uno que dura para siempre. Así que yo no corro como quien no tiene meta; no lucho como quien da golpes al aire. Más bien, golpeo mi cuerpo y lo domino, no sea que, después de haber predicado a otros, yo mismo quede descalificado.[11]

Que Dios nos ayude a no descalificarnos a nosotros mismos.

La Importancia De Participar Activamente En Una Asociación De Iglesias

La asociación local de iglesias ofrece una gama de oportunidades para mejorar el ministerio y el caminar espiritual personal de un líder. No solo ofrece oportunidades de educación y capacitación, sino también un elemento indispensable en el ministerio: amigos. Necesitamos amistades profundas con otros líderes que también son llamados al servicio de Dios. En una sociedad en rápido movimiento como la nuestra, con plazos y agendas llenas de compromisos, conservar amistades puede ser desafiante. Sin embargo, es importante que cada uno de nosotros tenga relación con un grupo de líderes que entiendan nuestro contexto ministerial y que nos llamemos mutuamente a rendir cuentas de nuestra vida. Nuestros colegas pueden servir como

---

[11] 1 Corintios 9: 24-27.

importantes barreras de protección en nuestro viaje espiritual.

En nuestro trabajo como directores, entendemos que todos los líderes experimentarán momentos difíciles en su ministerio. El líder puede llegar a sentirse solo en su responsabilidad. A veces se sienten se va a sentir aislado y sufrirá en silencio. Los pastores estamos condicionados para encubrir nuestras heridas. Típicamente, ese aislamiento antecede a la descalificación de un líder. Los líderes pueden ayudarse unos a otros llevando cargas demasiado pesadas para llevarlas solo.[12]

Recientemente escuché a una persona comentar que anteriormente tenía muy pocas amistades. Esta persona llegó a la conclusión de que su matrimonio anterior terminó en divorcio por no tener amistades cercanas con otros líderes que podrían haberlo ayudado en un momento difícil. Su orgullo y confianza en sí mismo contribuyeron a su caída. Los líderes necesitan otros líderes para beneficio mutuo. Sin embargo, algunos líderes continúan sufriendo en silencio. Proverbios 27:17 nos recuerda: *"El hierro se afila con el hierro, y el hombre en el trato con el hombre"*.

Estas son algunas de las muchas razones por las que es importante que los líderes participen activamente en una asociación de iglesias.

- Reforzar y aclarar el llamado de Dios en su vida
- Mantenerse motivado para cumplir su llamado
- Desarrollar amistades y conexiones regionales
- Educación y capacitación continuas

---

[12] Gálatas 6: 2. La palabra 'carga' usada en este versículo significa 'peso excesivo'; para cumplir la ley de Cristo somos llamados a ayudarnos mutuamente a llevar cargas demasiado pesadas para que una persona las cargue sola.

- Desarrollar nuevas capacidades de liderazgo: el hierro se afila con el hierro
- Proveer momentos de risa y cordialidad
- Ofrecer aliento y apoyo para disminuir el estrés del ministerio
- Proveer influencias positivas para manejar sentimientos negativos de autoestima y efectividad en el ministerio
- Multiplicar el esfuerzo en el ministerio a través de la cooperación
- Mantenerse a la vanguardia del aprendizaje
- Aprender de otros
- Proveer modelos a seguir y mentores
- Proveer compañeros que nos pidan cuentas
- Corresponder sirviendo a otros
- Recibir consejos de los colegas; el éxito depende de los muchos consejeros.[13]
- Ofrecer oportunidades de colaboración con otros líderes.

Conclusión

Este libro es un llamado renovado a todos los líderes cristianos *"para que vivan de manera digna del Señor, agradándole en todo"*.[14] Dios nos llama a colocar barreras de protección apropiadas en nuestras vidas. Los autores que participan en este libro presentan diez preguntas vitales para guiarnos a lo largo de nuestro viaje espiritual en esta vida. Las diez preguntas cubren una amplia variedad de temas relacionados con nuestra identidad como líderes. Deseamos estar saludables en todas las áreas de la vida.

Cada barrera de protección presentada en este libro nos ayudará a cumplir honorablemente el llamado de Dios a nuestra vida. Oramos para que este libro le anime tanto como a nosotros. Que Dios nos ayude a ser *"un ejemplo a seguir en*

---

[13] Proverbios 11:14.
[14] Colosenses 1:10.

la manera de hablar, en la conducta, y en amor, fe y pureza".[15]

2

¿Quién te mantiene conectado?
El valor de las amistades personales profundas

Por Roger A. Yancey, D. Min.
Asociación Bautista de Tryon-Evergreen

Cuando Jim salió del estacionamiento de la iglesia, no podía dejar de pensar en lo diferente que había empezado el día comparado con la forma en que terminó. Se había despertado ese miércoles por la mañana con una sensación de energía que siempre sentía cuando sabía que había terminado su sermón para el domingo e incluso había empezado a trabajar en su sermón para el domingo siguiente. La llamada de Pete Miller, el presidente de los diáconos de su iglesia, invitándolo a tomar un café en la nueva cafetería local del centro sería una oportunidad para confirmar personalmente las excelentes opiniones que había escuchado sobre la versión del café *cortado* que se servía en ese lugar.

Cuando Jim entró en el café, se sorprendió gratamente de ver que Glenda Wilkins, la Presidenta del Personal, estaba en el mostrador pidiendo un café y parecía que también participaría en la conversación. Se le ocurrió que la conversación sería seguramente sobre su ya cercano quinto aniversario y que tal vez Pete y Glenda querían compartir con él algunas ideas antes de reunirse con todo el personal. Le había mencionado a Glenda hace un par de semanas que no se sentía cómodo cuando recibía demasiada atención, pero decidió esperar para ver qué tenían ellos en mente antes de tratar de minimizar sus esfuerzos.

Después de una ronda de saludos, Jim vio a Pete inquieto en su silla antes de aclararse la garganta y decir en un tono que no le había oído antes: "Jim, tenemos que hablar".

Los siguientes 45 minutos fueron los más largos y los más cortos que Jim recordaba haber experimentado alguna vez. Su mente se tambaleó con las afirmaciones que hicieron Pete y Glenda sobre su ministerio en la Primera Iglesia y las impresiones y sentimientos que expresaron en representación tanto de la congregación como de sus colaboradores.

"El pastor es inaccesible". Los miembros de la iglesia se quejaban de que no se sentían cómodos al comunicarle sus preocupaciones directamente. Expresaban que en intentos anteriores habían terminado con una sensación de estar siendo corregidos o ignorados.

"El pastor es difícil de encontrar". Los miembros y el personal decían que Jim estaba a menudo fuera de la oficina y no era fácil encontrarlo cuando era necesario tomar decisiones o cuando no se hacían visitas a personas aisladas.

"El pastor es inflexible". El personal sentía especialmente que Jim era arbitrario en su toma de decisiones y privilegiaba sus propios proyectos sobre las necesidades de su ministerio. Veían a Jim como el baterista principal de una banda de un solo hombre que esperaba que todos los demás marcharan al compás de su marcha.

"El pastor es *inconsiderado*". Jim sabía que la palabra "inconsiderado" no existía, pero como predicador experimentado podía entender la intención. Los miembros de la iglesia, el liderazgo de la iglesia y, nuevamente, sus "fieles" (Jim pensaba que más bien eran "crueles") colaboradores habían tenido varias reuniones en las que Jim había dicho cosas torpes e hirientes que resultaron en corazones heridos.

Todos expresaron que sabían que Jim era muy "bromista", pero la sensación de que en realidad hablaba con sarcasmo anulaba cualquier intención humorística.

Cuando Pete y Glenda terminaron de hablar, se levantaron y le dijeron a Jim que se preparara para una reunión después de las actividades del miércoles con el Comité de Personal y el Liderazgo de los Diáconos para buscar una solución de tal forma que su futuro ministerio pudiera afianzarse en la Primera Iglesia También le ordenaron que no volviera a la oficina de la iglesia hasta después de que se reunieran esa noche para que no incomodara al personal, ya que todos estaban al tanto de la reunión esa mañana y también de la reunión del miércoles por la noche. Pete dijo: "Tal vez sería mejor que Jim se tomara un día o dos para reflexionar sobre lo que necesita hacer antes de volver a tener contacto con su personal".

Cuando Jim se alejó del centro de la ciudad, de pronto se encontró circulando por uno de los muchos caminos rurales que se entrelazan alrededor de la ciudad. Su mente errática anhelaba encontrar algún parecido entre las palabras que había escuchado y la vida que pensaba que estaba viviendo como pastor de la iglesia. Si bien podía ver vestigios de verdad en muchas de las cosas que le habían dicho, los problemas mencionados parecían más bien problemas casuales que dificultades graves.

Quería hablar con alguien. ¿Pero con quién?

Jim sabía que si llamaba a su esposa Kathy y le informaba lo que había sucedido esa mañana, se sentiría devastada. Recientemente el personal y sus familias habían estado en su casa y no parecía haber ningún problema. Eso era lo más desconcertante y doloroso de todo. ¿Por qué nadie le había hablado francamente?

Sabía que necesitaba hablar sobre esto con alguien.

Los pensamientos de Jim volvieron a sus días de seminario, más de una década antes, cuando se reunía todos los martes al mediodía con sus amigos Brent, Chase y Doug. Todos tenían 2 a 3 años en su primer pastorado y comparaban notas, compartían historias, buscaban consejo y oraban unos por otros. No había nada que no pudiera compartir con esos muchachos y esas conversaciones fueron una fuente de fortaleza que le ayudaron a superar algunos momentos difíciles en su primer pastorado e incluso habían sido un lugar de refugio cuando Kathy y él habían experimentado dos abortos involuntarios antes del nacimiento de su hija Sarah y luego su hijo Samuel.

Pero eso había sido hace más de 15 años y las circunstancias del ministerio habían provocado el alejamiento de esas relaciones profundas. Durante un tiempo, Brent y Chase se acercaron a él, pero a Jim le resultó difícil seguir su ritmo. Eventualmente dejaron de hablarle, aunque en ocasiones recibía un correo electrónico de Chase, quien ahora se desempeñaba como Director de Misiones en un estado vecino.

La vida le había pasado la factura con las presiones que Jim había experimentado cuando salió del seminario para ir a tomar un ministerio a 1,000 millas de distancia y comenzar una nueva iglesia, a lo cual siguió su llegada a la Primera Iglesia, con su ubicación privilegiada, su creciente población y su primer equipo de colaboradores realmente de tiempo completo. El crecimiento había llegado y con él el desafío de tratar de cumplir con las expectativas y aprovechar numerosas oportunidades.

Tenía un ministerio floreciente con responsabilidades crecientes en una iglesia cuya asistencia se había duplicado desde que él llegó. Pero cuando Jim estaba virando para salir de un callejón sin salida en un camino rural, se le ocurrió que cuando más necesitaba un amigo en quien confiar, en realidad no tenía a nadie a quien pudiera llamar.

Bueno, había solo una persona a la que podía llamar: su esposa Kathy, que realmente conocía su corazón y a quien podía confiar el profundo dolor que ahora sentía. Más por desesperación que con un deseo sincero, Jim le envió un mensaje de texto a Chase pidiéndole que le avisara cuándo podía llamarle para hablar con él.

Jim se sorprendió cuando su teléfono sonó cinco minutos después de enviar el mensaje de texto y al contestar oyó una voz del pasado: "Hola amigo, ¿cómo estás?"

De pronto, Jim se sintió en la mesa de la cafetería del seminario con una taza de café en una mano y su corazón en la otra. Durante las siguientes dos horas, Jim derramó su alma con Chase. Le contó acerca de la reunión en la cafetería, su dolor, su frustración y su vergüenza por haber descuidado su amistad. Aunque Chase compartió con Jim muchas cosas que se convertirían en la base sobre la cual Jim restablecería su posición ministerial en la Primera Iglesia, había un concepto que compartió con Jim que tuvo un papel fundamental en su crecimiento personal como pastor y como un hombre que Dios podría usar más plenamente.

Chase llamó a este concepto los **"tres círculos de relaciones ministeriales sólidas".** Chase explicó que todos en el ministerio necesitaban desarrollar tres tipos de relaciones para poder sortear los obstáculos y crecer en su jornada por el ministerio. Al igual que las tres patas de un taburete, cada círculo era indispensable para la estabilidad personal.

El primer círculo son las **relaciones ministeriales**. Todos necesitamos identificarnos y conectarnos con personas que sean expertas en nuestra vocación ministerial, que puedan ayudarnos a crecer en nuestra área vocacional. Estas personas son invaluables para ayudarnos a comprender formas diferentes y nuevas de llevar a cabo el ministerio, de tal forma que seamos desafiados y no quedemos atrapados en tareas rutinarias. Ya sea como mentores, entrenadores o personas que nos desafían, ellos nos impulsan a ser todo lo que Dios nos ha llamado a ser.

El segundo círculo son las **relaciones en el camino**. Estas relaciones se desarrollan en la jornada de nuestro ministerio donde nos conectamos con personas dentro y fuera de los muros de nuestra iglesia que se vuelven importantes y queridas por nosotros. Aunque a veces estas relaciones pueden ser desafiantes, existe una fortaleza única cuando nos conectamos bien con nuestra gente y la amamos incluso en medio de posibles decepciones.

El tercer círculo son las **relaciones del corazón**. Necesitamos personas en nuestras vidas que realmente conozcan nuestros corazones, nuestras alegrías y nuestras penas. Estos amigos son personas que conocemos y sin duda nos aman y quieren lo mejor para nuestra vida. Son las personas que ven nuestra vida como un reflejo de la gloria de Dios y han caminado con nosotros a través de la realidad de las noches oscuras de nuestra alma. Son amigos que nos pueden hacer preguntas difíciles y hablar a nuestro corazón con verdades vitales que nos hacen reflexionar sobre el rumbo que llevamos. Estas son personas a las que podemos llamar a las 2:00 de la madrugada y derramar el dolor de nuestra alma sin que a ellos les preocupe desvelarse cuando sentimos que nos estamos volviendo locos.

Si bien este es un círculo más pequeño en número de personas en comparación con los otros dos, es el que puede tener el mayor impacto en moldearnos como las personas en las que nos convertiremos.

Chase explicó que los **"tres círculos de relaciones ministeriales sólidas"** no estaban separados, sino que a menudo se empalmaban y formaban círculos de influencia entrelazados en nuestra vida.

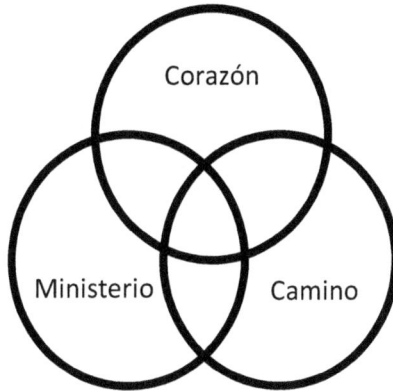

Chase le pidió a Jim que se tomara un tiempo en los siguientes días para identificar a las personas que Dios había puesto en su vida que podrían encajar en cada uno de los tres círculos y que tomara nota de en cuál círculo podrían faltar personas. Acordaron que volverían hablarían en esa semana sobre cómo él podría descubrir a las personas que Dios estaba poniendo en los círculos de su vida.

Una cosa que Jim se dio cuenta rápidamente fue que ya tenía a alguien, además de Kathy (su esposa y su mejor amiga), a quien le daría la bienvenida en su círculo del "corazón" y estaba agradecido de que Dios había utilizado la prueba por la que estaba pasando para acercarlo nuevamente a Chase.

Quizás, como Jim, usted sabe lo que es encontrarse en una situación en la que realmente necesita un amigo. Puede pensar que tiene muchos "amigos", pero realmente no tiene un amigo con el que pueda ser totalmente sincero sin temor al rechazo o al juicio.

Es posible que haya tratado de desarrollar esas amistades profundas en el pasado y haya sentido que no era correspondido o valorado de la misma manera. Tal vez se identifique con la historia del grupo de ministros que se reunían en un círculo de oración y comenzaban a compartir sus luchas personales.

"Lucho con las apuestas", dijo uno. "Yo lucho con la ira", dijo otro. "Lucho con la lujuria", dijo el que estaba a su lado. Entonces, haciendo acopio de valor, un ministro compartió que luchaba con un "lenguaje soez" solo para escuchar al último ministro decir: "Lucho con los chismes y tengo que salir de aquí y hablar con alguien".

Siempre que consideremos relaciones confesionales, debemos hacerlo dentro de un marco de sabiduría y discernimiento pero no desarrollarlas es colocarse usted mismo en la situación que describe Proverbios 16:18: "Al orgullo le sigue la destrucción; a la altanería, el fracaso".

Entonces, ¿qué hacer ahora? ¿Cómo asegurarse de que no está viviendo su ministerio en un aislamiento autoimpuesto? Considere los siguientes pasos como punto de partida.

1. En oración, describa sus tres círculos e identifique a las personas que Dios ha traído a su vida en cada área. Es posible que prefiera incluir solo las 10 personas principales en el círculo del ministerio en lugar de enumerar a todos los posibles participantes. Limite su lista a los que están listos para invertir en usted y ayudarle a crecer en su ministerio. Haga lo mismo con su círculo del camino y finalmente el círculo del corazón.

2. Identifique dónde están los huecos en cada círculo: en cuál círculo faltan personas (o están ausentes) que compondrían el círculo.

3. Empiece a orar específicamente para que Dios agregue personas a sus **"tres círculos de relaciones ministeriales sólidas"** como él lo crea mejor. Recuerde, los amigos se hacen, no aparecen ahí de pronto.

4. Pregúntese dónde encajaría en los círculos vitales de otra persona. ¿Hay alguien que intenta conectarse con usted para quien no ha tenido tiempo? ¿Está abierto a que Dios lo plante en la vida de otra persona así como necesita que otras personas sean plantadas en la suya?

Recursos

David Dusek. *Rough Cut Men: A Man's Battle Guide to Building Real Relationships with Each Other, and with Jesus.* Grace Publishing. 2015.

Patrick Morley. *The Man in the Mirror: Solving the 24 Problems Men Face.* Zondervan. 2014.

Jonathan Holmes. *The Company We Keep: In Search of Biblical Friendship.* Cruciform Press. 2014.

Gordon McDonald. *Ordering Your Private World.* Thomas Nelson. 2015.

3

¿Quién hace las preguntas difíciles?
El valor de las conversaciones enfocadas con rayo láser

Por Tom Henderson, Ph.D.
Asociación Bautista de Bell

¿Qué pasa?

"Hermano Henderson, ¿podría proveerles consejería a algunos ministros de su área que han sido despedidos de su iglesia por inmoralidad?". La pregunta me sorprendió. Había oído que había algunos problemas en la iglesia donde servía el pastor despedido, pero no estaba al tanto de la profundidad o gravedad de los problemas. Reuní a los ministros en cuestión y empecé un largo viaje de un año para restaurar a un ministro que había pasado por alto varias importantes barreras de protección. A través de esa experiencia dolorosa, aprendí que los ministros necesitan personas en sus vidas que regularmente les hagan las preguntas difíciles que hace un compañero para llamarlos a cuentas con el objetivo de evitar un accidente fatal en su ministerio.

De acuerdo con Merriam Webster, rendir cuentas es "una obligación o disposición a aceptar la responsabilidad o dar cuenta de tus acciones".[16] Todos somos responsables en una variedad de relaciones. Según el autor del sitio web

---

[16] Diccionario Merriam-Webster. Editorial Merriam-Webster. 2016.

AllAboutGOD.com,

la Biblia dice que Dios nos pedirá cuentas. Romanos 14:12 dice: "Así que cada uno de nosotros tendrá que dar cuentas de sí a Dios". Esto es responsabilidad personal. Los cristianos también son responsables unos de otros. En 1 Corintios capítulo 12, leemos que los cristianos son parte del mismo cuerpo, el cuerpo de Cristo, y cada miembro necesita o pertenece a otro miembro. Esta Escritura sugiere la importancia de una fuerte responsabilidad entre los creyentes. Es importante que cada creyente tenga por lo menos una persona en quien confiar, con quien orar, a quien escuchar y alentar. Gálatas 6:1-2 da un principio útil: "Hermanos, si alguien es sorprendido en pecado, ustedes que son espirituales deben restaurarlo con una actitud humilde. Pero cuídese cada uno, porque también puede ser tentado. Ayúdense unos a otros a llevar sus cargas, y así cumplirán la ley de Cristo". Si el amigo al que ayuda a rendir cuentas ha hecho algo contrario a la Biblia, su deber es confrontarlo suavemente, perdonarlo y consolarlo. El texto también le exhorta a analizarse usted mismo porque nadie está por encima de la tentación. Otro aspecto de la responsabilidad cristiana es alentarse mutuamente a crecer en madurez espiritual. Hebreos 10:24 dice: "Preocupémonos los unos por los otros, a fin de estimularnos al amor y a las buenas obras". 1 Tesalonicenses 5:11 dice: "…anímense y edifíquense unos a otros…[17]

Richard J. Krejcir, del Instituto Schaeffer de Liderazgo Eclesiástico dice esto de la responsabilidad cristiana:

Rendir cuentas nos permite asumir nuestra responsabilidad unos delante de otros y enfocarnos en mejorar nuestras relaciones clave con personas como nuestro cónyuge,

---

[17] www.allaboutgod.com/christian-accountability.html.

amigos cercanos, colegas, compañeros de trabajo, el jefe, miembros de grupos pequeños o un pastor. Rendir cuentas también nos ayudará a desarrollar integridad, madurez, relaciones basadas en el carácter en general y crecer en Cristo. Rendir cuentas es compartir sinceramente nuestro caminar cristiano en una atmósfera de confianza para que podamos meditar en lo que hacemos, ver dónde necesitamos ayuda, comprender nuestras luchas y dónde estamos débiles, y ser alentados a mantener el rumbo, buscar la oración y el apoyo cuando fallamos y establecer señales en el camino para que podamos seguir adelante.[18]

La responsabilidad mutua se logra cuando los individuos en un grupo se hacen responsables de sus acciones.

¿Lo necesitamos?

La mayoría de los ministros con los que he hablado reconocen la necesidad de rendir cuentas, pero no toman la iniciativa ni invierten el tiempo y la energía necesarios para establecer un sistema. Con demasiada frecuencia, los ministros piensan en términos de gestión de crisis en lugar de un mantenimiento preventivo. Por lo general, correrán para ayudar a otra persona que enfrente una situación crítica, pero rara vez recurrirán a otros para les ayuden a colocar o mantener barreras de protección relacionadas con la rendición de cuentas en su propia vida.

Chuck Lawless, decano de Estudios de Doctorado y Vicepresidente de Formación Espiritual y Centros Ministeriales del Seminario Southeastern en Wake Forest, Carolina del Norte, ha dado ocho razones por las que todos los líderes de la iglesia necesitan compañeros que les ayuden a rendir

---

[18]www.intothyword.org/apps/articles/default.asp?blogid=0&view=post&articleid=32244&link=1&fldKeywords=&fldAuthor=&fldTopic=0.

cuentas:[19]

1. Es bíblico. Igual que el hierro afila al hierro, es con la ayuda de otra persona que nosotros crecemos. (Prov. 27:17). Debemos desafiarnos unos a otros a vivir piadosamente (Heb. 3: 12-13), confrontándonos cuando sea necesario (Mateo 18: 15-17, Lucas 17: 3). Debemos llevar las cargas unos a otros, incluyendo el estimularnos a las buenas obras (solo el último pensamiento está en este versículo) (Heb 10:24.) y levantarnos el uno al otro cuando caemos (Gal. 6:1-2).

2. Todos somos propensos a distraernos. Tan pronto como creemos que hemos "alcanzado" la fidelidad a Dios, caemos. Un problema es que a menudo no reconocemos el pecado en nosotros mismos.

3. Estamos en una guerra espiritual. Los principados y poderes identificados en Efesios 6:12 apuntan principalmente sus flechas a líderes de la iglesia, que están en la primera línea de la batalla contra el mal. Satanás y sus fuerzas nos encuentran más vulnerables cuando ministramos solos, sin nadie que camine a nuestro lado y nos motive a las buenas obras (Heb. 10:24).

4. Los líderes a menudo ocultamos su pecado. Debido a que somos líderes, típicamente no queremos que otros sepan lo que está pasando en la profundidad de nuestra alma Pero entonces es exactamente entonces cuando los demonios nos acechan porque nadie tiene acceso a nuestro corazón.

5. Cometemos flagrantes pecados de omisión. Demasiados líderes de la iglesia son tentados y enseñan una Biblia que

---

[19]www.chucklawless.com/2017/05/8-reasons-every-church-leader-needs-accountability.

rara vez leen, llaman a las personas a orar pero ellos mismos pocas veces lo hacen, y predican un evangelismo que nunca practican. Necesitamos a alguien que nos haga preguntas difíciles sobre estas contradicciones.

6. Nuestras congregaciones necesitan modelos. Ministramos a personas que están luchando con el pecado y les animamos a encontrar un compañero que les pida cuentas. No es honesto pedirles a otros que hagan esto cuando nosotros no lo hacemos.

7. Rendir cuentas nos obliga a tragarnos nuestro orgullo. La mayoría de nosotros, líderes de la iglesia, podríamos beneficiarnos siendo un poco más humildes. Pocas cosas nos quebrantan más que mirar a un amigo a los ojos y admitir nuestros problemas con el pecado.

8. Hay más posibilidades de que terminemos bien nuestra carrera ministerial si tenemos un compañero que nos pida cuentas. Tener un compañero de este tipo no garantiza nuestra fidelidad durante toda la vida, pero al menos hace que sea más difícil caer.

Los comentarios de Lawless llaman a los líderes a dar cuentas de su fidelidad y la de las personas a su alrededor. Quizás seríamos más firmes en cuanto a la responsabilidad si tomáramos en serio las palabras aleccionadoras de Dietrich Bonhoeffer, que cita Kris Dolberry, en LIFEWAY MEN Webb Site blogs:

El pecado necesita que el hombre esté solo. Lo aísla de la comunidad. Cuanto más aislada esté una persona, más destructivo será el poder del pecado sobre ella, y cuanto más se involucre el hombre en el pecado, más desastroso será su aislamiento.[20]

---

[20] blog.lifeway.com/leadingmen/2016/03/02/accountability.

¿Cómo hacerlo?

Hay muchas maneras de tener un compañero o un grupo que nos pida cuentas. Estas van desde el uso de asesores profesionales para grandes trastornos en la vida, hasta el simple hecho de tener un tiempo personal con el Señor en devocionales diarios. Para los efectos de este capítulo, examinaremos la barrera de protección que representa la rendición de cuentas que se practica a través de pequeños grupos íntimos que utilizan un grupo específico de preguntas.

Según el autor del sitio web, AllAboutGOD.com, los grupos pequeños son un medio efectivo para practicar la rendición de cuentas cuando existe confianza. La confianza es el cemento que mantiene al grupo unido y concentrado en la tarea. El autor explica que la confianza se desarrolla cuando las personas escuchan activamente (Santiago 1:19), no juzgan a los demás (Mateo 7: 1-2) y demuestran un profundo interés mutuo (I Juan 4:21). Él resume su idea así: "La rendición de cuentas implica la voluntad de abrirse y compartir información sensible o personal. Es por eso que la confianza es tan necesaria. Si te sientes en confianza, estás más dispuesto a compartir tus pensamientos más íntimos sin preocuparte de ser traicionado".[21]

El segundo aspecto de esta barrera de protección es usar preguntas específicas en el grupo. Las preguntas deben ser suficientemente generales para evaluar las acciones de una persona y suficientemente punzantes para que la persona se sienta responsable delante de Dios, de él mismo y de los demás. Las preguntas deben ser específicas para el grupo y para las necesidades de sus miembros. He encontrado que hay muchas listas de preguntas de rendición de cuentas disponibles para consulta en grupos de van desde dos preguntas hasta 58 preguntas.

---

[21] www.allaboutgod.com/christian-accountability.html.

Kris Dolberry, que dirige Ministerios para Varones en LifeWayResources.com y también es editor ejecutivo de la revista de devocionales diarios para hombres *Stand Firm*, sugiere la siguiente lista general de preguntas para el inicio de un grupo de rendición de cuentas:[22]

1. ¿Has pasado tiempo diario en la Palabra de Dios y en la oración?

2. ¿Has coqueteado o tenido actitudes lujuriosas, pensamientos tentadores o te has expuesto a algún material explícito que no glorifique a Dios?

3. ¿Has sido completamente irreprochable en tus manejos financieros?

4. ¿Has buscado el corazón de tu esposa y tus hijos?

5. ¿Has dado el 100% de tu esfuerzo en tu trabajo, escuela, etc.?

6. ¿Has dicho verdades a medias o has mentido abertamente para verte mejor ante los que te rodean?

7. ¿Has compartido el Evangelio con un incrédulo esta semana?

8. ¿Has cuidado tu cuerpo por medio del ejercicio físico diario y hábitos de alimentación y sueño adecuados?

9. ¿Has permitido que alguna persona o circunstancia te robe el gozo?

10. ¿Has mentido en alguna de tus respuestas?

---

[22] blog.lifeway.com/leadingmen/2016/03/02/accountability.

¿Cómo debería ser?

El uso de un grupo íntimo y preguntas específicas tiene un precedente histórico en el Club Santo de la Universidad de Oxford en 1729. John y Charles Wesley se reunieron con un puñado de estudiantes de Oxford dedicados a una búsqueda rigurosa de la santidad y el servicio a los demás. El investigador y escritor cristiano Ed Stetzer enumera 21 preguntas que el grupo utilizó.[23] Este grupo nunca fue numeroso, pero los participantes se convirtieron en grandes líderes en el trabajo cristiano de ese tiempo. Una lista de los miembros y sus contribuciones se ha recopilado en la revista *Christian History*.[24]

Chris Easley, colaborador de *Christianity Today,* comparte las características de un grupo de rendición de cuentas efectivo.[25]

1. Vulnerabilidad. Cada miembro es honesto acerca de sus fallas.

2. Aceptar el amor y el perdón de Dios. Cada miembro acepta el perdón de Dios por su pecado, confiando en él y rechazando los sentimientos de culpa y vergüenza.

3. Validación y apoyo. Independientemente de cuáles son las tentaciones con las que ha luchado un miembro o su pecado, debe ser aceptado por el grupo y amado, no juzgado ni ridiculizado.

---

[23] Ed Stetzer. "Accountability Questions." *Christianity Today*. 5 de mayo de 2008.
[24] John Wesley *Christian History*. Issue 2: "John Wesley: Leader of the Methodist Movement." "The Holy Club." 1983.
[25] Chris Easley. *How To Start An Accountability Group.* Christianitytoday.com. 4 de octubre de 2006.

4. Confianza y seguridad. Lo que se comparte en el grupo permanece en el grupo.

5. Oración. Los miembros del grupo le piden juntos a Dios que los ayude con sus luchas específicas, que los fortalezca cuando enfrenten la tentación, que los perdone cuando fallan y que los ayude a ponerse nuevamente de pie para caminar con él y vivir como "más que vencedores a través de él".[26]

6. Rendición de cuentas. Si un miembro está luchando con cierto pecado o tentación y comparte esta lucha con el grupo, el grupo le preguntará si ha actuado de una manera correcta en esa área.

7. Asumir la responsabilidad. Cada miembro que participa en el grupo toma responsabilidad por las reuniones del grupo.

8. Compañerismo y amistad. Todos los miembros construyen amistades saludables entre ellos como hermanos y hermanas en Cristo.

Los miembros de un grupo de rendición de cuentas se hacen unos a otros las preguntas difíciles y esperan que los demás den respuestas honestas y completas.

¿Cómo comenzar?

Hay varios pasos clave para implementar esta barrera de protección basada en la rendición de cuentas.

1. La oración es el primer paso. La oración tendrá varios componentes. Primero tiene que haber una actitud de humildad personal y el compromiso con el proceso de someterse a la rendición de cuentas. Luego viene la

---

[26] Ibid.

petición de una mayor claridad acerca de las áreas específicas de la rendición de cuentas a las que el grupo se limitará y enfocará. El componente final de la oración es pedir discernimiento a la hora de seleccionar a los miembros que se unirán al grupo.

2. Haga una lista de los miembros del grupo. Durante las conversaciones, pregunte si hay interés en un grupo de rendición de cuentas.

3. En una reunión de información, explique qué es la rendición de cuentas y qué significa participar en el grupo. Presente una propuesta de calendario y agenda para las reuniones. Finalmente entregue una copia del pacto que usted propone, incluyendo los valores indicados por Leslie Bennett.[27] Establezca una fecha límite para que los miembros potenciales se comprometan a unirse al grupo.

4. Reúnase con los interesados y discuta las directrices para el nuevo grupo. Recolecte las copias del pacto firmadas y ore por el compromiso de cada persona en el nuevo grupo de rendición de cuentas.

---

[27] Leslie Bennett. *Accountability Group Covenant.* www.ReviveOurHearts.com.

Recursos

- www.clevedonbaptistchurch.org/wp-content/uploads/2013/06/Accountability-Questions1.pdf
- John Wesley's Small Group
- Wesley's Band Meeting
- Chuck Swindoll's Pastoral Accountability
- Renovare: James Bryan Smith and Richard Foster
- Phil Helfer, Los Alto Brethren Church in Long Beach, CA
- Highway Community in Palo Alto, CA
- Florent Varak of Lyon
- H. Neil Cole
- Dave Guiles, director of Grace Brethren International Missions
- Paul Klawitter of France

4

¿Dónde encuentras la felicidad?
El valor del verdadero contentamiento

Por David Bowman, D. Min.
Asociación Bautista de Tarrant

Mi experiencia El

El padre de la novia en blanco y negro con Spencer Tracy y Elizabeth Taylor, y su versión moderna con Steve Martin, son excelentes películas. Sin embargo, no reflejan la realidad de mi familia en absoluto.

Para la boda de mi hija, yo hice mandados, mi esposa Katie, la Auditora y Superintendente Auxiliar de Finanzas y Operaciones de Apoyo, manejó la parte financiera de las cosas y nuestra bebé estiró el presupuesto hasta el punto de la ruptura.

Mi hija Paula y yo habíamos estado preparándonos para el día de su boda desde que ella era una niña. A donde quiera que íbamos, ella me tomaba del brazo mientras caminábamos juntos. No se sabe la cantidad de millas que hemos caminado de esa forma. Esos son grandes recuerdos.

También recuerdo cuando Paula fue bautizada siendo una niña. Ella puso su confianza en Cristo cuando tenía ocho años de edad. Su madre y yo pasamos varias semanas asegurándose de que comprendía su compromiso. Luego reunimos a familiares y amigos para el gran día. Nos formamos alrededor del bautisterio entre risas e historias. Unos segundos antes de que quitáramos el vitral que cubría el bautisterio, Paula cerró los ojos, inclinó ligeramente la cabeza y levantó las manos para callarnos a todos. Era hora de comenzar.

En años recientes, todavía dábamos largos paseos juntos por Fort Worth. Hablábamos y orábamos, reíamos y llorábamos. Me encantaban esos paseos.

Más recientemente, ella ha estado caminando con Connor, su prometido/marido y su cachorro rizado, Indie. Pero la semana pasada, hicimos la caminata sobre la que habíamos pensado, soñado y planeado desde hace mucho tiempo. El ensayo de la boda salió bien. Todos conocían sus lugares y responsabilidades. En el gran día, nuestro hijo, Jonathan, llevó a los padrinos a sus lugares y se puso de pie en la parte delantera para recibirnos. Las damas de honor estaban distribuidas uniformemente en las escaleras que conducían al salón principal. Un cambio de último minuto requirió actuar con precisión para llegar a nuestros lugares en el momento adecuado. Una dama de honor se volvió hacia Paula y le preguntó: "¿Ahora?". Paula cerró los ojos, inclinó la cabeza ligeramente, levantó las manos y dijo: "Ahora".

Unos minutos después, mientras bajábamos por las escaleras, las personas se levantaron y sonrieron, y nosotros caminamos juntos de nuevo del mismo modo que habíamos ensayado durante tantos años con su mano en mi brazo. Algunas caminatas son demasiado cortas.

Lo que vino después fue simple y directo. Fue uno de los mejores momentos de mi vida. Había llegado al lugar en el servicio donde dije: "Connor, ¡puedes besar a mi niña!". Con eso, se convirtieron en marido y mujer.

Hubo muchos pasos que nos llevaron a mi familia y a mí a donde estamos hoy. Aproximadamente un cuarto de siglo antes, yo servía en una iglesia en crecimiento con todos los desafíos que esto implica. También estaba trabajando en el título de Doctor en Ministerio. Mi hijo Jonathan había empezado a ir a la escuela. Paula todavía era una niña de brazos. A decir verdad, yo estaba abrumado con todas mis responsabilidades.

Cada vez que asistía a la capilla del seminario *Southwestern Baptist Theological Seminary*, el orador invitado era presentado como el Mayor Experto del Mundo en Algo. Me preguntaba en qué área me convertiría yo en el Mayor Experto del Mundo.

Tirado boca abajo en la alfombra y llorando sin parar descubrí en qué me convertiría en un experto. Cuidar de mi esposa y mis hijos, lidiar con una iglesia con dolores propios del crecimiento y quedarme despierto hasta tarde todas las noches para leer y escribir tuvo un costo. El precio fue alto. A través de esas lágrimas y de esa angustia surgió la determinación de convertirme en el mayor experto del mundo en mi esposa y mis hijos. Decidí no permitir que nadie los conociera mejor que yo. Aprendí a amar lo que amaban y a participar en sus actividades favoritas.

Los llevaba a la escuela por las mañanas y los recogía por la tarde con la mayor frecuencia posible. Aprendí a escuchar para que hablaran. Descubrí que una pregunta abierta, oportuna y bien formulada, era mejor para estimular que el tradicional "¿cómo te fue hoy".

Aprendimos juntos, jugamos juntos, nos reímos juntos. Compartimos películas, libros y programas de televisión. Aprendimos a pensar juntos y a celebrar momentos grandes y pequeños.

Cuando nos mudamos a donde vivimos actualmente, mi esposa quería terminar su maestría en Negocios que años antes había pospuesto debido a otra mudanza y otro nacimiento. Mi trabajo era investigar las opciones locales y en línea. Encontramos el programa correcto al precio correcto. Durante los siguientes dos años, pasó los lunes por la noche y los sábados por la mañana en clase. Se graduó con un perfecto 4.0. Fue nombrada catedrática universitaria.

Nuestro hijo Jonathan y algunos de sus compañeros decidieron después del 9/11 de 2001, que iban a enlistarse en el ejército en cuanto llegaran a la edad requerida. En ese entonces habían llegado solo al octavo grado. Posteriormente, uno de ellos asistió a la Academia Naval y sirve como piloto de combate de la Marina, dos hermanos se enlistaron al salir de la escuela secundaria, uno se dio de alta en el ejército, el otro se enlistó en el cuerpo selecto de la Marina y uno se hizo miembro de la Guardia Nacional de Texas.

En su preparación para el servicio militar, Jonathan comenzó un programa de lectura que él y yo diseñamos juntos. Leyó sobre comandantes militares de la historia antigua y generales de operativos más recientes. Aprendió sobre los desafíos y sacrificios de ese tipo de vida. Batalló para entender las consecuencias de una batalla. Jonathan escogió la universidad en lugar de enlistarse. Sus opciones eran la Academia Militar de los Estados Unidos, la Academia Naval y Texas A&M. Investigamos cada opción. Tan pronto como recibió su carta de aceptación de Texas A&M, cerró los otros archivos.

Después del tercer año de Paula en la escuela secundaria, ella y su madre se fueron a Guatemala con Buckner Internacional. Trabajaron en orfanatos. A Paula le rompió el corazón ver tantos niños que nunca disfrutarían de la buena vida que ella tenía. Decidió que estudiaría Ciencias Políticas en la universidad, luego asistiría a la escuela de leyes y después se dedicaría a proteger a los pequeños.

Buscando realizar su sueño, Paula recientemente se convirtió en Asistente del Fiscal de Distrito. Ella quiere avanzar a través del sistema a la Unidad de Víctimas Especiales, donde protegerá a los pequeños.

Nuestra nuera Erica ha avanzado mucho en su camino para convertirse en la Mayor Experta del Mundo en Jonathan. Nuestro yerno Connor se está convirtiendo en el Mayor Experto del Mundo en Paula. Cuando lleguen, voy a celebrar con ellos el cumplimiento de una gran parte de mi misión en la vida, que continúa con mi esposa. Ninguna persona me ganará nunca en relación con Katie. Es divertido continuar aprendiendo sus peculiaridades después de todos estos años. Caminar y hablar, jugar y orar con las personas que más amo es donde encuentro mi mayor felicidad, mi mayor satisfacción.

¿Cómo construir una vida feliz?

Saque el máximo provecho a lo que tiene
"Sé lo que es vivir en la pobreza, y lo que es vivir en la abundancia. He aprendido a vivir en todas y cada una de las circunstancias, tanto a quedar saciado como a pasar hambre, a tener de sobra como a sufrir escasez. Todo lo puedo en Cristo que me fortalece".[28]

Disfrute lo que tiene
Obtenga el beneficio completo de lo que Dios ponga en sus manos. Recuerdo que mi abuela, quien vivió su niñez durante la Gran Depresión, decía que la gente usaba todo el cerdo, excepto su chillido.

---

[28] Filipenses 4: 12-13.

Obtenga el mejor rendimiento en todo
"Manténganse libres del amor al dinero, y conténtense con lo que tienen, porque Dios ha dicho: «Nunca te dejaré; jamás te abandonaré»".[29]

No tenga el vicio de acumular ni de cuidar cada centavo
En vez de eso, encuentre el mayor valor a su alcance. Si el mejor automóvil que puede pagar es una camioneta de tercera mano de diez años, ¡condúzcala con orgullo! Si puede permitirse algo realmente agradable, elija maximizar la seguridad y el estilo.

Deléitese durante la cena
Incluso si todo lo que tiene es una ensalada o una col.
"Es cierto que con la verdadera religión se obtienen grandes ganancias, pero solo si uno está satisfecho con lo que tiene. Porque nada trajimos a este mundo, y nada podemos llevarnos. 8 Así que, si tenemos ropa y comida, contentémonos con eso".[30]

Puedo disfrutar de una dieta balanceada de bistec, langosta, pizza y comida mexicana en la cena diaria. Sin embargo, ha habido tiempos en que todo lo que podíamos comer era lo que cultivábamos en el jardín y lo que era más barato en la tienda. Disfruto vistiendo ropa bonita y luciendo bien. Era el niño mejor vestido en el octavo grado con la fina ropa que mi madre me compraba en Sears.

Convierta las preocupaciones en oraciones
"No se inquieten por nada; más bien, en toda ocasión, con oración y ruego, presenten sus peticiones a Dios".[31]

---

[29] Hebreos 13: 5.
[30] 1 Timoteo 6: 6-8.
[31] Filipenses 4: 6.

A dónde Dios guía, él provee. Si no ha provisto, pídalo. ¿Qué preocupaciones le causan ansiedad? ¿Qué temores le impiden avanzar? Convierta esas cuestiones en oraciones.

Atesore lo más importante
Esta vida me ha llevado a muchos lugares en aventuras de todo tipo. Viajar a lugares distantes que anteriormente solo conocía a través de los medios de comunicación a menudo es emocionante. Sin embargo, mi lugar favorito en el mundo es donde esté mi familia. Me encanta nuestro pequeño agujero de *hobbit* en la ladera de la colina. Me deleito cenando en familia. Me encantan nuestros largos paseos.

Un pensamiento final

Terminaré mi vida con el menor arrepentimiento posible relacionado con la falta de momentos significativos juntos. Estoy completamente satisfecho si pierdo todo y cualquier cosa que me impida ser el Mayor Experto del Mundo en mi esposa y mis hijos. Ahí es donde encuentro mi alegría.

Recursos

Ron Blue and Karen Guess. *Never Enough? 3 Keys to Financial Contentment*. B&H Books. 2017.

Rachel Cruze. *Love Your Life, Not Theirs*. Ramsey Press. 2016.

Richard Foster. *Freedom of Simplicity*. HarperOne. 2005.

Dallas Willard. *Life Without Lack*. Thomas Nelson. 2019.

5

¿Qué te hace sentir completo?
El valor de comprender el diseño de Dios

Por Ernie McCoulskey, M. Div.
Asociación Bautista de Kauf Van

Todas las personas en el ministerio experimentan momentos de alegría interior profunda y satisfacción. Es la mejor parte del viaje. También pasan por momentos más oscuros en los que se sienten insatisfechas o incluso derrotadas. El primer sentimiento no convierte a una persona en exitosa de la misma forma que el segundo sentimiento no hace que una persona sea un fracaso. Para salvaguardar su ministerio, es importante que el ministro tenga conciencia de sí mismo para comprender cuál podría ser el origen de tales sentimientos.

Reggie McNeal expresa la necesidad de la autoconciencia de esta manera:

> Los líderes que funcionan sin autoconciencia corren el riesgo de quedar ciegos por impulsos destructivos y ser confundidos por emociones que amenazan con descarrilar sus propósitos y la efectividad de su liderazgo... En resumen, los líderes que carecen de autoconciencia son destruidos desde dentro. A menudo ellos mismos son su peor enemigo.[32]

---

[32] Reggie McNeal. *Practicing Greatness: Seven Disciplines of Extraordinary Spiritual Leaders*. Jossey-Bass. 2006. Pág. 11.

Nuestra Singularidad

Todos estamos hechos a la imagen de Dios. Dentro de esa imagen, él nos ha hecho únicos. Llegar a entender nuestra propia singularidad es un viaje largo, pero que vale la pena. Todos fuimos creados física, emocional y espiritualmente diferentes.

Muchos ministros que inician su viaje ministerial tienen en mente un modelo de cómo debe ser un "gran pastor". Ese modelo casi siempre proviene de alguien que tuvo gran influencia en sus vidas. Puede ser un pastor que admiraban o alguien que fue su mentor personal en el camino. O bien, puede ser un miembro de su familia, un famoso evangelista, o un profesor que influyó sobre ellos. Para los ministros que ven en una persona pasada o presente como su modelo, sólo tengo una palabra: ¡ALTO! No desfiguren su singularidad.

En este capítulo examinaremos en primer lugar las diferencias dadas por Dios. Luego consideraremos cuatro preguntas introspectivas básicas. Recuerde siempre que aunque todos somos diferentes, cada uno de nosotros fue creado por el Padre a su imagen.

¿Cuáles son sus dones espirituales?

Casi todos los cristianos están de acuerdo que todo seguidor de Cristo recibe de alguna manera dones para expandir su Reino. No todos tenemos los mismos dones. Los dones espirituales no son en sí mismos un signo de madurez espiritual o de éxito. Todos los dones son importantes para la iglesia. Ahí es donde termina el acuerdo.

En el Nuevo Testamento hay tres listas principales de los dones espirituales, Romanos 12:3-8, I Corintios 12:7-11 y Efesios 4:11 Si es necesario, hay varias herramientas humanas que ayudan a descubrir e identificar los dones espirituales de una persona. Si nunca ha usado una de estas herramientas, le animo a hacerlo, pero me gustaría aconsejarle que deseche las encuestas que incluyen sólo 10 o 12 preguntas.

Actualmente mi herramienta favorita para ayudar a una persona que busca descubrir sus dones se puede obtener de forma gratuita en el sitio web de Denison Forum. Tiene aproximadamente 90 preguntas de diagnóstico con 5 posibles respuestas para cada pregunta y se califica automáticamente. Los resultados se dan casi de inmediato. Ninguna herramienta es perfecta y no debe ocupar el lugar del Espíritu Santo, pero esta herramienta puede ser útil.

Quiero hacer una advertencia personal a los pastores que quizás usen una herramienta hecha por el hombre para determinar dones espirituales. Muchos predicadores sobresalientes que conozco no resultan con la predicación como su don primario. Esto no es problema. Cuando yo hice un estudio de este tipo por primera vez hace años y descubrí que mis dones espirituales principales eran animar y proveer hospitalidad, me sentí profundamente decepcionado. Al madurar, acepté mis dones y descubrí que en realidad mi predicación se enriquecía animando a la gente y haciendo que se sintieran bien recibidos. A medida que descubra y acepte su don único, confíe en que Dios le dio dones que también pueden enriquecer su predicación.

¿Cuál es su estilo relacional?

Cómo se relacionan las personas con los demás, cómo se relacionan con su entorno y cómo reaccionan cuando están experimentando estrés son cosas importantes que debemos saber. Entender estos aspectos de su personalidad y la de las personas más cercanas a usted es aún más importante.

Ya en la antigua Grecia, se observaron y se clasificaron las diferencias en la personalidad. Todos los tipos de personalidad correspondían naturalmente a cuatro categorías principales. Mientras que la ciencia social moderna reconoce que la personalidad y el estilo relacional son mucho más complejas, todavía es muy útil aprender los cuatro estilos básicos e identificar los que mejor le corresponden a usted.

Diferentes fuentes usan distintos términos El siguiente cuadro puede ayudar a manejar los diferentes términos.

Descripción	DISC[33]	Smalley / Trent[34]	LaHaye[35]
Dominante	D	León	Colérico
Influyente	I	Nutria	Sanguíneo
Constante	S	Perro golden retriever	Flemático
Consciente	C	Castor	Melancólico

Voy a utilizar la terminología de DISC para describir los cuatro tipos de personalidad porque estoy más familiarizado con este enfoque. Después de todo, soy "S" pero detesto decir que soy "flemático", ya que algunos pueden pensar que tengo una enfermedad pulmonar.

"D" – A las personas dominantes les encantan las metas definidas y los esfuerzos por alcanzarlas. Son personas orientadas a proyectos. En un equipo mixto, tenderán a tratar de mantener al equipo "enfocado en la tarea". Puede ser que no estén a cargo de un proyecto, pero hay una parte de ellos que quiere tener ese papel. Les gusta el cambio y no les gusta la rutina. Estas personas deben tener cuidado de no volverse demasiado controladoras e incluso pueden ser vistas como manipuladoras.

---

[33] www.discprofile.com/what-is-disc/overview.

[34] www.dbu.edu/jeanhumphreys/SocialPsych/smalleytrentper sonality.html.

[35] www.joydigitalmag.com/everyday-life/the-4-spirit-controlled-temperaments.

"I" – A los influyentes les encanta hablar. Funcionan muy bien en equipos que tienen un ambiente amigable y divertido. En un equipo mixto, tienden a aportar entusiasmo y flexibilidad a la tarea. Deben tener cuidado de concentrarse en la tarea y seguir hasta terminarla.

"S" – A las personas constantes les encanta trabajar juntas. Son constructores de consensos y les gusta apoyar al grupo. En un equipo mixto, aportan una sensación de cooperación deliberada. Deben tener cuidado porque no les gusta la confrontación y el cambio. Pueden llegar a estar dispuestos a hacer demasiadas concesiones para evitar confrontaciones.

"C" – Las personas conscientes ven los detalles y quieren que sean correctos. Tienden a ser muy conscientes de la tarea que se está realizando. En un grupo mixto, actúan oficial o extraoficialmente como un factor de control de calidad. Deben tener cuidado de no volverse duros e inflexibles. A veces, su necesidad de tener todos los detalles puede hacerlos indecisos.

¿Notó que todas las personalidades tienen fortalezas y debilidades potenciales? No hay un tipo correcto o incorrecto. Cada tipo puede actuar como un líder o como miembro. Es especialmente importante para el líder del equipo estar consciente no sólo de su propia personalidad, sino también de la personalidad de las personas que dirige. Creo que los grandes equipos están formados por una mezcla de los cuatro tipos.

Hay herramientas más avanzadas para ayudar a identificar los estilos relacionales con más detalle. El *Myers-Briggs Type Indicator*[36] divide los cuatro grupos generales en dieciséis subgrupos; sin embargo, basta con usar los inventarios que incluyen sólo los cuatro tipos de personalidad principales para

---

[36] www.myersbriggs.org/my-mbti-personality-type/mbti-basics

iniciar su viaje de autodescubrimiento en esta área.

Una de mis herramientas favoritas para identificar el tipo de personalidad, que utiliza la herramienta DISC, es el estudio de Gene C. Wilkes titulado JESÚS EN EL LIDERAZGO: convirtiéndose en un líder siervo (*JESUS ON LEADERSHIP: Becoming A Servant Leader*).[37] Puede comprarla en LifeWay Christian Resources en un formato de libro de cinco semanas. Incluye no sólo el inventario DISC, sino también un inventario de dones espirituales.

¿Eres una persona social o solitaria?

Crecí en una familia muy gregaria o social. Si bien mi personalidad sin duda resultaría alta en la escala de extroversión, mis amigos se ríen de mí cuando les digo que soy el callado en mi familia. Ya que mis mentores en el ministerio también eran todos extrovertidos en algún grado, di por entendido que todos los ministros eran extrovertidos. Estaba totalmente equivocado.

A medida que he conocido más y más pastores, he conocido a muchos pastores sobresalientes que se considerarían introvertidos o solitarios. El Dr. Thom Rainer ha prestado un gran servicio a los ministros introvertidos al escribir ampliamente sobre sus experiencias como un líder introvertido muy exitoso, tanto en la iglesia como en su calidad de presidente de LifeWay Christian Resources.

Aunque cada pastor es totalmente único, he llegado a algunas observaciones generales en relación con las personalidades sociales y solitarias en el ministerio.

---

[37] C. Gene Wilks. *Jesús en liderazgo: convertirse en un líder servidor*. Forma de vida. 2015

1. El papel del pastor de hoy contiene una parte social y una parte solitaria.

2. El pastor extrovertido "exitoso" creará lazos con la gente con base en su pasión. Es un pastor por naturaleza. Quiere ser querido y necesitado. Él ama a su pueblo y ellos lo saben. Pero hay otro lado del ministerio. El pastor extrovertido también debe pasar cada semana horas en oración, estudio y en la preparación de sermones, solo. Porque ama el Señor y su Palabra, a veces tiene que disciplinarse a trabajar solo y completar esas tareas.

3. La pasión del pastor introvertido "exitoso" es estar solo en su estudio. Si pudiera, pasaría casi todo su tiempo a solas con el Señor. Quiere estar meticulosamente preparado para predicar el domingo. El ora en su soledad. Pero hay otra cara del ministerio y tiene que disciplinarse para pasar tiempo con la gente, tanto dentro de la iglesia como personas perdidas. A veces debe recordar que a las personas no les importa cuánto sabes hasta que saben cuánto les importas. También tiene que ajustar su horario debido a su amor por el Señor y su pueblo.

¿Ha sido llamado por Dios?

¡Aquí está el resultado final! ¿Le ha llamado Dios a la obra de la iglesia? Si está seguro de esto, entonces usted debe seguir aprendiendo y creciendo en el conocimiento de sí mismo. Este conocimiento le ayudará a proteger su ministerio. Dios le hizo único. Él le dio dones espirituales. Le dio un estilo relacional y un tipo de personalidad. Posiblemente usted necesite aprender a ser más introvertido o extrovertido. Dios sabía todo eso cuando lo llamó a unirse a él en su obra.

Conclusión

Estar más consciente de sí mismo tiene muchos beneficios para el ministro. Estar consciente de su singularidad proporciona una barrera de protección importante para cuidar su ministerio de los ataques de Satanás cuando este intenta degradarlo o llevarlo a una confianza excesiva. Conocer sus dones espirituales y estilo personal puede ayudarle a sortear los tiempos difíciles en el ministerio. Un beneficio adicional es poder anticipar y comprender las respuestas que recibe de las personas con ciertos dones y/o rasgos de personalidad identificables. Este es un gran recurso para dirigir equipos en la iglesia. La comprensión de uno mismo y de los demás puede mejorar en gran medida su vida personal y ministerio.

Recursos

C. Gene Wilkes. *Jesus on Leadership: Becoming a Servant Leader*. LifeWay Christian Resources. 2015.

Reggie McNeal. *Practicing Greatness: Seven Disciplines of Spiritual Leaders*. A Leadership Network Publication, Jossey-Bass. 2006.

Jim Denison. The Denison Forum. Online resource, denisonforum.org.

Paul David Tripp. *Dangerous Calling*. Crossway Books. 2012.

Smalley Institute. *Personality Test*.
www.accounseling.org/wp-content/uploads/2018/10/
Personality-Test-Smalley.pdf

6

¿Qué te da profundidad espiritual?
El valor de ser conformado a la imagen de Cristo

Por John Thielepape, D. Min.
Asociación Bautista de Parker

En las primeras líneas de su clásico libro sobre disciplinas espirituales, Richard Foster escribió: "La superficialidad es la maldición de nuestra era... Lo que hoy se necesita desesperadamente no es un número mayor de personas inteligentes, ni de personas de talento, sino de personas de vida espiritual profunda".[38] *Celebración de la disciplina* fue publicado por primera vez en 1978, pero estas palabras siguen siendo poderosas cuarenta años después.

Cuando consideramos la vida espiritual interior como una barrera de protección para el ministerio, la superficialidad sigue siendo un atajo tentador. Agendas saturadas, feligreses exigentes, expectativas poco claras, prioridades en conflicto y dudas personales empujarán a los ministros en diferentes direcciones. La actividad puede enmascarar la vitalidad espiritual, y la relación con Jesús —que ha de ser profunda si va a nutrir el alma— puede volverse superficial.

En lugar de llenarse continuamente, el pozo espiritual puede secarse. Pero, los ministros siguen siendo invitados por Jesús, como todos los demás: "Permanezcan en mí, y yo

---

[38] Richard J. Foster. *Celebración de la disciplina: hacia una vida espiritual más profunda*, Miami: Peniel Editorial. 2008. Pág. 1

permaneceré en ustedes. Así como ninguna rama puede dar fruto por sí misma, sino que tiene que permanecer en la vid, así tampoco ustedes pueden dar fruto si no permanecen en mí".[39]

La barrera de protección de la vida interior puede representarse mediante una relación saludable con Dios demostrada por una fe creciente, la dependencia de Jesús y un carácter íntegro.

Una Fe Creciente

A menudo, las iglesias ven a los ministros con la creencia de que están espiritualmente completos, y tienen pocas o nulas expectativas de que el ministro crezca continuamente. De hecho, algunos miembros de la iglesia no quieren oír que sus ministros aún están en proceso de crecimiento espiritual, que luchan con la tentación o que algunas veces batallan para obedecer. Dado que los ministros son vistos como "expertos espirituales" y, a veces, como "celebridades espirituales", tanto las congregaciones como los ministros pueden ignorar la necesidad de nutrir una fe en continuo crecimiento.

La vitalidad espiritual requiere una fe creciente, definida como una capacidad creciente para entregar nuestra más profunda confianza y lealtad a Dios, que resulta en un sentido más rico del significado y propósito en nuestra vida. Una fe cristiana creciente significa romper las cadenas que nos alejan de Dios y desarrollar los lazos que nos acercan a él.

James Fowler desarrolló la *teoría de las etapas de desarrollo de la fe* para describir una serie de etapas en el patrón de desarrollo a través de las cuales la confianza y la fe se demuestran y le dan significado y propósito a la vida cristiana. Los patrones de confianza se desarrollan a medida que enfrentamos los desafíos y los momentos críticos de la vida.

---

[39] Juan 15:4

Estos retos brindan la oportunidad de pasar a nuevos niveles de comprensión y dependencia de la fidelidad de Dios.[40]

Un ministerio eficaz requiere que los ministros sean honestos acerca de cómo los retos que enfrentan los invitan a una comprensión mayor y más rica de la forma en que Dios quiere obrar en sus vidas. La barrera de protección que constituye la vida interior se fortalecerá cuando los ministros reconozcan que, como Pablo, debemos seguir creciendo. "No es que ya lo haya conseguido todo, o que ya sea perfecto. Sin embargo, sigo adelante esperando alcanzar aquello para lo cual Cristo Jesús me alcanzó a mí".[41]

La Dependencia De Jesús

Los ministros funcionan mejor cuando su servicio fluye de una profunda relación con Jesús. No podemos dar fruto espiritual si no permanecemos en él. Cristo permanece en el creyente y el creyente permanece en él. Esta vitalidad espiritual produce obediencia y fruto, así como significado y abundancia espiritual en la vida del creyente.

El apóstol Pablo usa 164 veces la expresión "en Cristo" en el Nuevo Testamento y la frase explica por qué estar dentro de la esfera de influencia de Cristo tiene un impacto en la vida de un creyente.[42] Boyd Hunt escribe que "la frase *en Cristo* expresa el carácter ilimitado de los recursos redentores que

---

[40] James W. Fowler, *Becoming Adult, Becoming Christian: Adult Development and Christian Faith*. San Francisco: Harper San Francisco. 1984. Pgs. 74-75.
[41] Filipenses 3:12
[42] Adolf Deissmann, trans. By William E. Wilson. *Paul: A Study in Social and Religious History*. New York: Harper & Brothers Publishers. 1957. Pg. 140.

Dios ofrece a través de Cristo".[43] Estar posicionados en Cristo como resultado de la salvación recibida por gracia mediante la fe[44] y volvernos a él en obediencia lleva a una constante unión con él, la cual produce fruto espiritual.

¿Cómo se identifica la superficialidad espiritual en la vida de un ministro? La superficialidad espiritual se muestra por sí misma en actitudes y comportamientos que indican que dependemos de nosotros mismos y no de Jesús.

Mike Breen usa las tentaciones de Jesús como un marco para describir las trampas que pueden evitar que permanezcamos en Cristo. Las describe como tentaciones de apetito, ambición y aprobación. Cada una de estas trampas existe en su propio flujo. Alejarnos del centro y ser arrastrados a los extremos de este flujo puede dejarnos sutilmente a la deriva espiritual.[45]

Para los ministros, la deriva espiritual del apetito está representada por los extremos de la necesidad y la satisfacción. En un extremo, los ministros parecen no tener nunca suficientes recursos (tiempo, dinero, personas, programas) para ser eficaces y hay una mentalidad de escasez que influye en sus decisiones. Pueden desarrollar el hábito de poner excusas ya sea dejando de confiar en la provisión de Dios o convenciéndose de que Dios puede proveerles solo de una determinada manera.

En el otro extremo de la deriva espiritual del apetito, la satisfacción puede causar que los ministros pierdan su sentido

---

[43] Boyd Hunt. *Redeemed! Eschatological Redemption and the Kingdom of God*. Nashville: Broadman & Holman Publishers. 1993. Pg. 145.

[44] Efesios 2:8-9

[45] Mike Breen. *Building a Discipling Culture: How to Release a Missional Movement by Discipling People Like Jesus Did*. Greenville: 3DM Publishing. 2017. Págs. 60-69.

de dependencia de Jesús para crecer continuamente, alejándose de la vitalidad espiritual. El éxito podría convencerlos de que tienen el talento, los recursos y el poder necesarios para lograr lo que quieren y ponen su confianza en sus propias habilidades.

La segunda deriva espiritual, la ambición, se mueve entre los extremos de la fuerza y la debilidad. Por un lado, los ministros son impulsados por el deseo de lograr metas y evalúan sus ministerios según sus logros. Esto puede conducir a evaluar a otras personas sobre la base de cuánto ayudan al ministro a alcanzar sus propios objetivos.

En el otro extremo de la ambición, los ministros se centran en sus debilidades y las usan como excusa de sus fracasos. En lugar de permitir que sus debilidades sean una oportunidad para que Jesús se glorifique, estas se convierten en las justificaciones del incumplimiento de sus ambiciones. O peor aún, los ministros pueden enfocarse en las debilidades de los demás y culparlos de sus fracasos.

La tercera deriva espiritual, la aprobación, oscila entre la aceptación y el rechazo. Un extremo de esta corriente desemboca en la creencia de que los ministros son superiores a las personas que se supone que deben servir. En lugar de verlas como personas a la que deben amar y servir, las convierten en herramientas a su disposición para el éxito o la autoaceptación. En lugar de guiarlas a servir a Jesús, los dirigen a servirlos a ellos para alimentar su necesidad de aceptación.

El extremo opuesto es el rechazo. El ministro experimenta la constante presión de complacer a los demás. Los ministros pueden llegar a permitir que las críticas y las expectativas irracionales de las personas los controlen y pasar el tiempo tratando de vivir de acuerdo con lo que otros quieren. Al actuar así, a menudo descuidan a sus familias. Viven con la constante e imposible meta de satisfacer las expectativas de los demás y hacerlos felices. En algún momento, esto puede conducir a la desilusión y la depresión.[46]

Todas las personas se balancean entre estos extremos en algún grado semana tras semana. En un extremo, un ministro puede confiar demasiado en sus propios recursos, logros y capacidades. En el otro extremo, los ministros pueden vivir en la escasez, en la creencia de que no tienen lo que se necesita para tener éxito y quedar paralizados por el miedo al fracaso.

El punto central, donde los ministros pueden lograr el equilibrio en cada deriva, es confiar en Jesús, estar siempre conscientes de su necesidad de él y creer en la suficiencia de su provisión. Entonces pueden comprender el secreto del contentamiento que Pablo describe en Fil. 4:11-13.

El Carácter Integro

La falta de integridad es una de las evidencias más obvias de una fe superficial. Se han dado a conocer numerosas historias sobre ministros cuyas vidas no son consistentes con el mensaje del evangelio que proclaman. Las pequeñas inconsistencias en el ministerio son como la mala hierba en el jardín. Cuando no se le pone atención, se convierte en un problema mayor que afecta a todo el ministerio.

Los fracasos en el ministerio ocurren cuando los ministros se niegan a reconocer que hay mala hierba creciendo en sus vidas. La ira, el engaño, la pereza o la falta de amabilidad son signos de que algo anda mal en la vida interior de una persona. Aun sin intención, esos comportamientos erosionarán la confianza y conducirán al fracaso en el ministerio.

---

[46] Esta discusión está adaptada de*Younique Personal Vision Journey*, © Younique. Pg. 36.

La lista de los frutos que el Espíritu Santo produce en los discípulos de Cristo nos da una descripción del carácter íntegro. El resultado de caminar constantemente en el Espíritu lleva el fruto del "amor, alegría, paz, paciencia, amabilidad, bondad, fidelidad, humildad y dominio propio".[47] El desarrollo de hábitos que conducen a caminar en el Espíritu es una práctica esencial para ministros que quieren cultivar un carácter íntegro.

Hay numerosos ejemplos de ministros que han servido con amor, alegría y fidelidad. Sus vidas muestran su integridad y cuando fallan en cosas pequeñas, rápidamente buscan el perdón. El fruto espiritual en su vida es evidente para quien quiera verlo y a menudo se observa también en la vida de otras personas que han sido sus discípulos y estudiantes. Puede ser que estos ministros no sean conocidos fuera de su contexto local, pero tampoco son difíciles de encontrar. Su carácter congruente les permite tener una relación sana con Dios.

Los ministros que siguen creciendo en la fe como discípulos de Jesús, que continuamente confían y dependen de él y que desarrollan un carácter íntegro, tendrán barreras que protejan su ministerio a largo plazo. Para reforzar esta barrera de protección que constituye la vida espiritual interior se recomiendan los siguientes pasos.

Pasos A Seguir

Disciplinas Espirituales
Pastores y miembros del personal deben servir como "seguidores principales de Cristo" en la congregación. No pueden ayudar a otros a ser discípulos de Jesús en crecimiento si no pueden mostrar un discipulado creciente en sus propias vidas. Las disciplinas espirituales rompen los patrones de

---

[47] Gálatas 5:22-23

pecado en nuestras vidas y los reemplazan con hábitos de justicia.[48]

Los ministros pueden caer en la trampa de usar las disciplinas como herramientas de ministerio. Por ejemplo, el estudio bíblico es completamente consumido por la preparación del sermón o la oración es completamente dominada por la intercesión. Cuando los ministros hacen esto, sus vidas espirituales se limitan a los éxitos y fracasos del ministerio diario.

Para que los ministros puedan alimentar su propia alma, las disciplinas espirituales deben tener tal lugar en sus vidas que el amor y la gracia de Dios puedan lavar su espíritu al recordar que él los ama y quiere extender su gracia sobre ellos. Deben tomarse un tiempo en el que permitan que Dios identifique el pecado en su propia vida, les haga experimentar la sanación y los fortalezca a para vivir como discípulos.

¿Cómo serían algunos de estos patrones de discipulado? Hay muchas maneras de dejar que las disciplinas espirituales desarrollen patrones saludables. Aquí presentamos algunas ideas:

Oración: Aparte tiempo para permitir que Dios hable a través de su propia vida en lugar de que usted hable con él a nombre de los demás. Dé un paseo y pídale a Dios que examine su corazón. ¿Ha sido honesto, fiel, responsable, amable y amoroso? ¿Dónde le ha bendecido Dios? ¿Dónde ha fallado usted? ¿Qué tentaciones le torturan? ¿En qué áreas su vida está a la deriva? Pídale a Dios que construya patrones de discipulado más fuertes en su vida.

Estudiar: Pase tiempo leyendo la Biblia preguntándose cómo la Biblia habla a su vida y no sólo cómo puede enseñarla a

---

[48] Foster. Pág. 4.

otros. Deje que la Escritura moldee su vida como discípulo. ¿Qué necesita mejorar o cambiar en su vida? ¿Cómo le está guiando el Espíritu?

Simplicidad: Baje el ritmo. Aprenda a aferrarse las cosas que le ayudan más a darle dirección a su vida y renuncie a las que no. Recuerde que "no" es una oración completa. Podría ser más feliz con menos; menos distracciones, menos responsabilidades o menos cosas.

Servicio: Encuentre maneras de servir a otras personas fuera de su función como ministro. Sirva de una manera que no llame la atención sobre usted mismo o su rol, sino que cumpla su llamado como discípulo para que Jesús y el Evangelio reciban el reconocimiento.

Transparencia Razonable
Demasiados ministros viven en aislamiento sin que haya nadie que les pida cuentas por el uso de su tiempo, lo que leen o miran en la pantalla de una computadora, su caminar de discipulado o su salud emocional. Es fácil temer que un compañero que nos pida cuentas será sólo otra persona que busque o señale nuestros fracasos.

Pero todo ministro necesita al menos una persona en quien pueda confiar que está de su lado. En otras palabras, un compañero de rendición de cuentas no es aquel que sólo mira los errores de su compañero, sino que también lo anima para que tenga éxito en la vida y el ministerio. Permita que su compañero lo confronte con gracia en sus puntos ciegos y señale sus desviaciones, a sabiendas de que él quiere lo mejor para usted. Un compañero de rendición de cuentas escuchará sin juzgar y amará sin reservas.

Este sistema de responsabilidad mantendrá a un ministro con los pies en la tierra cuando se eleve demasiado y lo levantará cuando caiga demasiado bajo. Pero más que nada, tener este tipo de relación puede salvar a un ministro de la oscuridad del aislamiento donde el pecado puede reproducirse y donde crecen con demasiada facilidad los hábitos que conducen al fracaso, lo cual lleva a un ministro a no terminar bien su carrera.

La barrera de protección que es la vida espiritual interior está diseñada para proteger al ministro y a su ministerio.

Recursos

Disciplinas espirituales y discipulado personal:

Mike Breen: *Construyendo una cultura de discipulado: cómo liberar un movimiento misional discipulando gente como Jesús lo hizo.* 3DM International. 2015.

John Ortberg: *La vida que siempre has querido: disciplinas espirituales para personas comunes. USA.* Vida. 2012.

Dallas Willard: *La divina conspiración: nuestra vida escondida en Dios.* Peniel. 2013

Richard Foster: *Celebración de la disciplina: hacia una vida espiritual más profunda, Miami: Peniel Editorial. 2008*

7

¿Cómo mides tu salud?
El valor del bienestar físico

Por Bill Jones, D. Min., Ph.D.
Asociación Bautista del Río Neches

2018 fue un año que nunca olvidaré. En febrero, me hicieron una colonoscopia de rutina. El médico internista que realizó la colonoscopia salió y me informó que tenía cáncer de colon. Él recomendó una tomografía computarizada para saber más sobre el tumor. La tomografía computarizada descubrió que también tenía cáncer de riñón. La solución fue extirpar el 50% del colon, luego quimioterapia durante seis meses y posteriormente extirpar el tumor en mi riñón izquierdo al finalizar la quimioterapia. Además, también tuve que someterme a una cirugía de columna el 10 de abril de 2019 para reparar un nervio ciático pellizcado y hacer una fusión de mis vértebras L4 y L5.

Durante los 61 años de mi vida nunca había experimentado ningún problema físico importante. Solo había dejado de predicar un domingo debido a alguna enfermedad. Fielmente me practicaba exámenes anuales regulares y era diligente en levantarme temprano todos los días y caminar tres millas antes de comenzar a trabajar. Caminar era un momento de alegría en el que ejercitaba mi cuerpo físico y pasaba un buen tiempo a solas con el Señor.

Desde hace mucho tiempo he creído y comprendido que tanto nuestros cuerpos como nuestras almas son importantes para vivir la vida cristiana. Sabemos que Dios creó a todos los humanos con estas dos partes interconectadas, y que la salud o enfermedad de uno puede influir en la salud o enfermedad del otro. Dios hizo y redime a la persona completa, y es una tradición cristiana distintiva preocuparse por todo, no solo el alma, sino el alma y el cuerpo.

Por valiosas que sean ambas partes, en su primera carta a Timoteo el apóstol Pablo da un paso más para ayudarnos a comprender cuál es el lugar de la salud física. Exhortando al joven Timoteo a ser "un buen servidor de Cristo Jesús", Pablo le escribe: "...ejercítate en la piedad, pues aunque el ejercicio físico trae algún provecho, la piedad es útil para todo, ya que incluye una promesa no solo para la vida presente, sino también para la venidera. Este mensaje es digno de crédito y merece ser aceptado por todos".[49]

Durante mi enfermedad, a causa de las cirugías y la quimioterapia, no podía hacer ejercicio físico como lo hacía regularmente. Ahora, con emoción puedo decir que en solo un mes más podré comenzar nuevamente mi rutina diaria de caminar.

Mi viaje a través de la enfermedad ha agudizado mi consciencia de que todo ministro necesita algunas barreras de protección en su vida para no ser descalificado del ministerio por un tiempo debido a su salud. Quiero alentar a los ministros a establecer algunas barreras protectoras en su vida en las áreas de ejercicio físico y exámenes médicos. Perdí un año entero de ministerio porque mi salud no me permitía hacer el trabajo ministerial, como predicar, enseñar, visitar, ganar almas, etc. Se podría decir que mi salud me descalificó como ministro por un periodo de tiempo.

El Dr. Ronnie Floyd, quien sirvió durante varios años como pastor principal de Cross Church en Arkansas y ahora se

---

[49] 1 Timoteo 4: 7-9.

desempeña como Presidente del Comité Ejecutivo de la Convención Bautista del Sur (SBC), compartió un artículo en el sitio *ChurchLeaders.com* el 21 de octubre de 2018. El artículo se tituló: "Pastor, ¿hace usted ejercicio y cuida su condición física?".[50]

En este artículo, que invita a la reflexión, el Dr. Floyd comparte dos razones por las que cree que el ejercicio y la condición física son importantes en su vida.

Primero, cuidar nuestro cuerpo es bíblico... sin lugar a dudas, la salud espiritual es mucho más importante que la aptitud física; sin embargo, los dos deben ser amigos y aliados, no enemigos y competidores. La vida está formada por prioridades y mi prioridad número 1 es mi caminar y mi tiempo devocional personal con Jesucristo. Sin embargo, esto no me impide cuidar mi cuerpo.[51]

En segundo lugar, el Dr. Floyd dice: "Ejercitar nuestro cuerpo es nuestro servicio espiritual a Dios".[52]

Luego, en sus pensamientos finales, el Dr. Floyd comparte los siguientes cuatro beneficios del ejercicio y la buena condición física. Podríamos llamar a esto los porqués del ejercicio.

Beneficio # 1: El ejercicio y el buen estado físico aumentan la probabilidad de que mi cuerpo esté en mejor forma, lo que a su vez debería darme una capacidad mucho mayor para servir al Señor ahora y por más tiempo.

---

[50] www.christianpost.com/voice/pastors-do-you-exercise.html
[51] Ronnie Floyd, *"Pastor, Do You Exercise and Work on your Physical Fitness?"* www.churchleaders.com/pastors/pastor-articles/335842-pastor-do-you-exercise-and-work-on-your-physical-fitness.html. 21 de octubre de 2018.
[52] Ibid.

Beneficio # 2: El ejercicio y el buen estado físico me brindan oportunidades para crecer en mi fe personal, ya que uso este tiempo diariamente para que otros inviertan en mi vida. La tecnología me permite escuchar las enseñanzas de otros, predicarme a mí mismo y ser mi propio mentor en diferentes asuntos de la vida, el ministerio y el liderazgo al mismo tiempo que hago ejercicio. Por lo tanto, este no es solo un ejercicio físico inútil para mí, sino más profunda e importantemente, un tiempo para practicar y crecer en la piedad.

Beneficio # 3: El ejercicio y la buena condición física reducen en gran medida mi nivel de estrés. Estoy convencido de que el ejercicio diario me ayuda a ver la vida de una manera más positiva, todo porque mi estrés se ha reducido.

Beneficio # 4: El ejercicio y el buen estado físico mejoran mi actitud. Los pastores lidian con situaciones negativas diariamente. La gente vierte sus cargas sobre nosotros y cuando no llevamos todo esto a Dios en oración y lo manejamos personalmente, afecta nuestra actitud negativamente. Por lo tanto, te aseguro, el ejercicio mejorará enormemente tu actitud. [53]

El Dr. Ronnie Floyd ha sido un defensor e impulsor de la buena salud. Una vez dirigió a su iglesia en un ayuno bíblico durante cuarenta días, enseñándole sobre la importancia de la oración y el ejercicio.

Si bien no tengo el mismo compromiso con el ejercicio que Ronnie Floyd o de un buen amigo llamado Ray Stanfield que va al gimnasio cinco días a la semana y corre cinco millas tres días a la semana, entiendo la importancia de llevar un estilo de vida saludable.

---

[53] Ibídem.

Personalmente, he descubierto que hay algunas barreras protectoras o disciplinas que todo ministro de Jesucristo debe establecer. Estas barreras deben ser compromisos no negociables en la vida. Y la realidad es que si no establecemos estas barreras de protección, podemos vernos descalificados de grandes oportunidades ministeriales.

Las siguientes son prácticas, disciplinas o barreras de protección importantes que un pastor debe practicar para estar saludable y ser efectivo en su ministerio:

- Tome frecuentes descansos sabáticos cortos.
- Mantenga su relación personal con Dios:
  o Ore.
  o Adore.
  o Lea y estudie la Biblia para obtener información personal.
- Mantenga y nutra amistades profundas.
  o Desarrolle y mantenga el apoyo de sus amigos o colegas.
- Mantenga una relación activa con un compañero que le pida cuentas.
- Monitoree el equilibrio entre el trabajo y su vida personal.
- Participe en un grupo de pastores.
- Establezca y ajuste las prioridades en función de una revisión periódica de sus valores.
- Establezca límites claros: diga: "no" más frecuentemente.
- Cuide su cuerpo.
  o Coma nutritivamente.
  o Permanezca activo físicamente.
  o Descanse y duerma adecuadamente.
  o Practíquese exámenes médicos regulares.

Esta no es de ninguna manera una lista exhaustiva, pero es un excelente punto de partida para establecer algunas barreras de protección importantes.

Permítanme decirle que recientemente descubrí un gran lugar para obtener ayuda con el entrenamiento para desarrollar fuerza y para hacer ejercicios de equilibrio. Tuve que hacer un poco de fisioterapia en mi rodilla y el centro de rehabilitación en el hogar de ancianos local fue un lugar increíble. No solo estuvieron dispuestos a implementar mi rehabilitación, sino que me invitaron a regresar a menudo a ese lugar y entrenar allí. Varios de los fisioterapeutas incluso me ofrecieron pasar tiempo conmigo en sus descansos y mostrarme gratuitamente nuevas técnicas para desarrollar fuerza.

Chad Ashby, pastor de College Street Baptist Church en Newberry Carolina del Sur, hace esta observación:

> Para todos los creyentes, la salud física no es poder publicar tus rutinas de ejercicio en Facebook, tomarte *selfies* más bonitas o impresionar a las damas en la iglesia. Se trata de tratar tu cuerpo como un regalo, un regalo que Dios espera que maximices por el bien de su Reino.[54]

Me encantan los tres desafíos que el Dr. Ronnie Floyd comparte al concluir su artículo titulado "Pastor, ¿hace usted ejercicio y cuida su condición física?". Él dice: "Comience ahora, haga algo. Hágalo por la mañana. Sea constante cinco días a la semana".[55]

Durante la distribución de la tierra a los hijos de Israel en el libro de Josué, fue Caleb quien declaró: "...aquí estoy este día con mis ochenta y cinco años: ¡el Señor me ha mantenido con

---

[54] Chad Ashby, *4 Reasons Every Pastor Should Exercise*, https://ftc.co/blog/posts/4-reasons-every-pastor-should-exercise.

[55] Ronnie Floyd, *"Pastor, Do You Exercise and Work on your Physical Fitness?"* www.churchleaders.com/pastors/pastor-articles/335842-pastor-do-you-exercise-and-work-on-your-physical-fitness.html. 21 de octubre de 2018.

vida! Y todavía mantengo la misma fortaleza que tenía el día en que Moisés me envió. Para la batalla tengo las mismas energías que tenía entonces".[56]

Cada vez que leo este pasaje de las Escrituras, termino orando: "Señor, que esto sea cierto para mí". Y luego me acuerdo del viaje que Caleb había hecho por el desierto y de las batallas que había librado. La Biblia no nos da todos los detalles específicos, pero casi puedo aventurar que las distancias fueron largas y las batallas difíciles. Caleb se había mantenido fuerte a través del ejercicio de caminar, levantar y cargar y probablemente muchos otros movimientos físicos. Su fuerza también provenía del Señor.

Al pensar en Caleb, me acordé del gran John Wesley. Él dijo muchas cosas profundas en su vida y la mayoría han sido citadas por una miríada de personas. Esto también se puede decir de esta cita que encontré en internet hace varios años. Lo que me asombra es que John Wesley hizo esta declaración a la edad de 78. Él dijo: "Por la bendición de Dios, soy el mismo que cuando tenía 28, principalmente por el ejercicio constante y la predicación a mañana y tarde".[57]

Si Dios me permite vivir una vida larga, me encantaría poder decir lo mismo que Caleb en el Antiguo Testamento y el gran predicador John Wesley.

---

[56] Josué 14: 10b-11.
[57] Christian Quotes - 92 John Wesley Quotes.
www.christianquotes.info/quotes-by-author/john-wesley-quotes.

Recursos

ChurchLeaders (Free Resources for Pastors)
www.churchleaders.com/pastors/pastor-articles/334087-10-questions-to-assess-the-health-of-a-pastor-ron-edmondson.html.

Pastors.com
www.pastors.com/prayer-and-fasting-in-the-life-of-the-pastor.

Episcopal Health Ministries
www.episcopalhealthministries.org/blog/a-case-study-in-personal-health-ministry.

Resources for Pastors
www.pastoralcareinc.com/resources.

Crosswalk.com
www.crosswalk.com/church/pastors-or-leadership/healthy-pastors-healthy-churches-healthy-communities-1414457.html.

Fit for ministry: Addressing the crisis in clergy health
www.christiancentury.org/article/2012-10/fit-ministry.

My-Pastor.com (Pastoral Care for the Pastor)
www.my-pastor.com/pastoral-care.html.

8

¿Eres más inteligente que un niño de quinto grado?
El valor del sabbat

Por Gerry Lewis, D. Min.
Asociación Bautista de Harvest

Es posible que un programa de televisión con ese nombre nos haya convencido a muchos de nosotros de que NO éramos más inteligentes que los estudiantes de quinto grado que se presentaban en ese programa.

Sí, era humillante.

Pero, aunque los niños geniales de primaria nos hacían sentir inferiores en cuanto a nuestro intelecto, o al menos nuestros recuerdos de la escuela primaria, podemos animarnos. Al menos somos más inteligentes que *Dios*.

¿Cómo dices?

No, nunca diríamos eso en voz alta ni lo reconoceríamos conscientemente, pero nuestras acciones a menudo expresan otra cosa. De hecho, los hábitos y patrones de muchos pastores no solo **hablan** en voz alta, sino que **gritan**: "¡Lo sé todo!".

Quizás haya muchos ejemplos, pero este capítulo se centra en uno solo. Voy a hacerle una simple pregunta de diagnóstico que lo ayudará a comenzar a evaluar lo que dicen sus hábitos y patrones sobre si usted cree o no que es más inteligente que Dios.

¿Cómo guarda el sábado?

Escuché esa pausa.

¡No puede hacer eso!

Como bautista con más de cuarenta años de "trabajo en la iglesia" en mi historia personal, puedo confesar que mis modelos, entrenamiento y educación no le ponían mucha atención al sábado, aparte del énfasis en las *reglas*.

Los bautistas conocemos las reglas. De hecho, a menudo somos conocidos *por* nuestras reglas. A lo largo de los años he tenido amigos de otras denominaciones que no sabían nada sobre los bautistas, excepto que no podemos bailar. Siempre he respondido que nuestro problema con el baile no es *teológico*. Es un problema de *ritmo*. ¡No tenemos ritmo! Por lo general, no menciono la conversación real que tuve hace unos treinta años con un pastor bautista de toda la vida que me dijo que un pie que baila y una rodilla que ora no pueden estar en la misma pierna (imagínese a un adolescente haciendo un gesto de ¡uf!).

Bueno, regresemos al sábado.

»Acuérdate del sábado, para consagrarlo. Trabaja seis días, y haz en ellos todo lo que tengas que hacer, pero el día séptimo será un día de reposo para honrar al Señor tu Dios. No hagas en ese día ningún trabajo, ni tampoco tu hijo, ni tu hija, ni tu esclavo, ni tu esclava, ni tus animales, ni tampoco los extranjeros que vivan en tus ciudades. Acuérdate de que en seis días hizo el Señor los cielos y la tierra, el mar y todo lo que hay en ellos, y que descansó el séptimo día. Por eso el

Señor bendijo y consagró el día de reposo (Éxodo 20: 8-11, énfasis mío).

"No hagas en ese día ningún trabajo...". Ese es el énfasis de las **reglas** y esa es la única parte que la mayoría de la gente recuerda.

Entonces, dígame esto, pastor: ¿Qué tal funciona esto en un domingo promedio?

Es verdad, hace mucho tiempo hicimos a un lado esa idea. Si *recordar* u *honrar* el día de reposo es evitar trabajar el domingo, la mayoría de nuestras iglesias están diseñadas para hacer que las personas pequen, ¡especialmente los empleados de la iglesia!

Podría escribir muchos párrafos hablando de diferentes reglas, pero eso no ayudaría a nadie con las barreras de protección necesarias para lidiar con el concepto de sábado. Como puede ver, mi amigo, el sábado no se refiere a **reglas**; se refiere a **ritmos**. No me refiero al tipo de ritmo que impide que esos torpes bautistas "le saquen polvo al piso", me refiero al ritmo que sigue la respiración o el latido de un corazón sano.

Los ritmos del Edén

El mandato del sábado en Éxodo 20 hace referencia al patrón de Dios establecido en la creación. Dios trabajó durante seis días y luego descansó el séptimo. Bastante simple, ¿verdad? Trabaja duro durante seis días y luego tómate un descanso. El descanso es una recompensa por un trabajo bien hecho.

Pero quiero que note algo en el relato de Génesis. Hay una frase que se repite en todos los días de la creación: "Y vino la noche, y llegó la mañana..." (Génesis 1: 5,13,19,23,31).

El concepto bíblico del flujo de un día comienza, no con levantarse para trabajar, sino con retirarse para descansar. En el "ritmo del Edén" hay descanso antes que trabajo. En el sexto día de la creación, Dios creó al hombre. El séptimo día es un día de descanso para Dios, pero también es un día de descanso para el hombre.

Pero ¿se dio cuenta? Fue el *primer* día del hombre. Antes de ir a trabajar al jardín, experimentó el sábado. No había nada de qué recuperarse. No había hecho nada que le valiera la recompensa del descanso.

Tampoco Dios descansó porque estaba cansado ni se recompensó con un día libre en reconocimiento por un trabajo bien hecho. Dios estableció el *sabbat* en la creación y lo ordenó a través de Moisés como un ritmo regular necesario para que no nos olvidemos de vivir sincronizados con su gracia y su ritmo.

¿Qué está en juego aquí?

Este es el error que cometen muchos pastores: piensan que pueden estar en sintonía con la gracia de Dios a través de ritmos y disciplinas espirituales, al mismo tiempo que ignoran el ritmo que Dios estableció para los ritmos físicos.

No sé cómo decir esto de manera más clara: descuidar los ritmos físicos inevitablemente ocasionará ritmos emocionales y espirituales insanos. No es simplemente una posibilidad. Es seguro. ¡Y los pastores que están fuera de ritmo, emocional y espiritualmente, hacen cosas estúpidas!

Toman malas decisiones personales y ministeriales. Se aíslan de consejos sabios y sistemas de apoyo saludables. Tratan mal a otras personas. No pueden escuchar a Dios claramente. Perpetúan y alientan patrones de vida no saludables entre los miembros de su iglesia (¡Oigan! El *sabbat* no es un asunto "de pastores").

En resumen, su lucha contra los ritmos saludables que Dios estableció en su palabra, demuestra que usted piensa que es más inteligente que Dios.

Le insisto a todo pastor que quiera escuchar que es sumamente importante tener regularmente días libres, vacaciones familiares, tiempo personal con Dios, educación y desarrollo continuos, y no pasar demasiado tiempo en la oficina.

A lo largo de mis años de ministerio vocacional, he hecho esas cosas importantes. He protegido el tiempo con mi familia, he sido terco en mi negativa a asumir compromisos los viernes, que es mi día libre. No me perdía ninguna actividad de mis hijos cuando todavía estaban en casa. He hecho todas estas cosas que aconsejo hacer a los pastores.

Y aun así, casi llegué al sobreagotamiento dos veces.

Verá, esas cosas son buenas e importantes, pero no captan adecuadamente la intención de los ritmos sabáticos de descanso.

El descanso sabático no es simplemente tomarse un descanso del trabajo regular. El descanso sabático es descansar **en Dios**. No es evitar el trabajo; es dejar de obsesionarse con la necesidad de ser productivo. Es negarnos a medirnos por lo que podemos lograr. Es recargarnos en y recibir la provisión de Dios. Es encontrar satisfacción y contentamiento en su presencia. Es disfrutar y deleitarse con su bondad. Es enfocarse en **ser sus hijos** en lugar de concentrarnos en **atender sus asuntos**. Es hacer solo aquello que da vida y restaura.

Y esto no puede posponerse hasta que haya lugar en su agenda, o hasta que termine sus dos últimos proyectos, o hasta que se termine el nuevo edificio, o hasta que haya ahorrado suficiente dinero.

Tampoco puede esperar hasta que los miembros de su iglesia se den cuenta de lo extenuado que está y le digan que necesita dejar su posición. La mayoría de ellos no van a notar que está funcionado con ritmos que no son saludables. Solo se darán cuenta cuando empiece a actuar como un imbécil (y entonces no serán compasivos).

Definitivamente, nuestra cultura le rinde culto al éxito y los pastores a menudo presumen su agotamiento y actividad como medallas de honor. Y nuestra cultura eclesiástica ha comprado la mentira de que esto agrada a Dios. Hay dos preguntas que la gente me hace más que cualquiera otra: "¿Estás trabajando duro?" "¿Te mantienes ocupado?".

Las buenas personas que te aman te felicitarán por todo lo que haces y les contarán a sus amigos que su pastor trabaja tan duro y siempre está dispuesto a servir a todos.

Déjeme ser directo. Usted no es Superman No es Dios. Usted no es la excepción a la regla y no está exento de las consecuencias de no cumplir con el *sabbat*. Nadie va a colocar sus barreras de protección y no podrá culpar a nadie si su vida cae a una zanja.

Y no se trata solo de usted. Reproducimos lo que somos. Los líderes insanos no hacen discípulos saludables. Los líderes fuera de ritmo no producen discípulos que sigan un ritmo. Los líderes que no practican bien el *sabbat* contribuirán a formar iglesias insanas que no guardan el sábado correctamente.

¿Puede ver cuán inteligente es Dios realmente? ¿Puede ver que el *sabbat* es verdaderamente una muy buena idea? ¿Está listo para cambiar su enfoque sobre el descanso y el trabajo y regresar a casa, a los ritmos del Edén?

Sí, leyó bien la última oración. Volver a los ritmos del Edén es volver a casa, es volver a los ritmos para los que fuimos creados. Es la criatura abrazando el diseño del Creador.

Pasos prácticos para ayudarlo a colocar las barreras de protección del *sabbat*

A estas alturas espero haberlo convencido de la urgencia absoluta de la barrera protectora del descanso sabático. Pero, ¿cómo puede hacerlo en el mundo real del ministerio del siglo XXI? Quiero tomar estos últimos párrafos para darle algunos consejos para ayudarlo a procesar su pensamiento y prepararse para su regreso a casa.

Consejo # 1 - Elija un día que funcione para usted y para su familia. Un enfoque basado en las *reglas* dice que los cristianos deben tomar el *sabbat* el domingo (o quizás el sábado, si queremos estar realmente apegados a las reglas). La mayoría de los autores que he leído han concluido que es difícil para los pastores practicar el *sabbat* el domingo. ¡Casi siempre es el día de trabajo más duro de la semana! No solo tenemos responsabilidades de predicación/enseñanza, sino que también tratamos de tener tantas reuniones como sea posible ese día porque es muy difícil lograr que las personas renuncien a cualquier tiempo adicional durante la semana. El alcance de este capítulo no me permite abordar el problema de la "muerte por reunión", pero creo que hemos creado un monstruo con la agenda que muchas de nuestras iglesias intentan seguir. Decimos que los pastores no pueden practicar el *sabbat* los domingos ¡y también hacemos imposible que los miembros de la iglesia lo hagan!

Entonces, ¿qué día debería ser el *sabbat*? El día que mejor funcione para usted y su familia. ¿Qué día es mejor para que usted se aparte de la necesidad de ser productivo, para fomentar la gratitud de su familia a Dios por todo lo que ha hecho, para hacer cosas que dan vida y alegría y renovarse desconectándose de las rutinas normales? (No descarte automáticamente el domingo. Podría funcionar para usted).

Consejo # 2 - Si no se calendariza, nunca sucede. Esto es cierto para todo lo que es importante. Si no les damos prioridad y programamos las cosas que son más importantes, estas serán desplazadas por cosas que parecen urgentes. Antes de que se dé cuenta, ya habrán pasado meses sin un descanso sabático. El estrés estará aumentando. La gratitud estará escaseando. La fatiga estará imponiéndose. Y realmente teníamos la sincera intención de reservar tiempo. Simplemente no le dimos suficiente prioridad como para poner ese tiempo en el calendario.

Resources

Mark Buchanan, *The Rest of God: Restoring Your Soul by Restoring Sabbath*. Thomas Nelson. 2006.

Walter Brueggeman. *Sabbath as Resistance: Saying NO to the Culture of NOW*. Westminster John Knox Press. 2014.

Wayne Cordeiro. *Leading on Empty: Refilling Your Tank and Renewing Your Passion*. Bethany House. 2009.

Shelly Miller. *Rhythms of Rest: Finding the Spirit of Sabbath in a Busy World*. Bethany House. 2016.

Roy M. Oswald. *Clergy Self-Care: Finding a Balance for Effective Ministry*. Alban Institute. 1991.

A.J. Swoboda. *Subversive Sabbath: The Surprising Power of Rest in a Nonstop World*. Brazos Press. 2018.

9

¿Qué significa el anillo?
El valor de la fidelidad conyugal

Por Dale Hill, M. Div.
Asociación Bautista de Burnett-Llano

Por sobre todas las cosas cuida tu corazón,
porque de él mana la vida. Proverbios 4:23

No cuidamos las cosas sin valor. Todos los miércoles por la noche saco la basura a la calle. La recogen el jueves por la mañana. Se queda ahí afuera toda la noche, sin ninguna vigilancia. ¿Por qué? Porque no tiene valor.

Por otro lado, no pensamos dos veces para cuidar las cosas que consideramos valiosas. Normalmente construimos cercas en nuestros patios para proteger nuestra privacidad, instalamos cámaras para proteger nuestra propiedad, compramos sistemas de seguridad cibernética para proteger nuestra identidad e instruimos a nuestros hijos para que protejan su seguridad.

Pero, ¿qué hacemos para proteger nuestro matrimonio? ¿Qué podemos hacer usted y yo para proteger nuestro matrimonio? La Biblia nos recuerda: "Practiquen el dominio propio y manténganse alerta. Su enemigo el diablo ronda como león rugiente, buscando a quién devorar".[58]

---

[58] 1 Pedro 5: 8.

En otras palabras, el diablo está buscando formas de hacerle caer. Y si piensa: "Eso nunca me va a pasar...", mire a su alrededor. Hay personas de todos los ámbitos de la vida que consideramos ciudadanos buenos y honestos que han caído en la trampa del adulterio. Estas personas nunca pensaron que *ellos* serían infieles, pero bajaron la guardia y pagaron un precio muy alto.

Si el matrimonio es preeminente sobre todas las cosas, excepto nuestra relación con Dios, entonces le animo a que se decida ahora a establecer fuertes barreras de protección para su matrimonio. Quiero compartir algunos consejos que he recogido de muchos "expertos" y de mi experiencia personal para ayudarle a proteger su matrimonio.

Apóyese en lo que es más importante

El matrimonio nació en el corazón de Dios todopoderoso para el placer y la satisfacción del hombre, su creación más elevada. Es lógico pensar que nuestro matrimonio puede ser todo lo que debe y lo que puede ser solo si tenemos una relación correcta con Dios. El matrimonio tiene un propósito mucho mayor que sólo satisfacer nuestras necesidades personales.

En Efesios 5:32, al describir cómo un hombre y una mujer se hacen una sola carne, Pablo dice: "Esto es un misterio profundo; yo me refiero a Cristo y a la iglesia". En este versículo, Pablo da el golpe de gracia, la pincelada final y el punto central de la epístola, que sigue un hilo temático desde el primer capítulo. Al igual que un artista que da una última pincelada antes de revelar su obra maestra, Pablo revela el último misterio detrás del hecho de que Dios nos creó hombres y mujeres y nos llamó a formar matrimonios fieles, monógamos y heterosexuales. Para quienes somos llamados al ministerio, esto tiene grandes implicaciones. La razón por la que no podemos agradar al Señor cuando estamos fallando como cónyuges es porque el matrimonio es un reflejo de nuestra relación con Cristo.

Eso requiere asegurarse de que Dios ocupe siempre la más alta prioridad en nuestras vidas, seguido por nuestro cónyuge, enseguida nuestros hijos y después de todo esto nuestra carrera y todo lo demás.

Cuando leemos una afirmación como esta y pensamos en ella, parece tan obvia. Sin embargo, cuando estamos involucrados en el ministerio, a veces es fácil llegar a ser flexible con las cosas santas. Este descuido puede incluso afectar a nuestro matrimonio.

Algunos de nosotros, en nuestro descuido, podemos haber perdido el temor de ofender a Dios en su santidad infinita. Sin un temor de Dios marcado, bíblico, que dirija nuestra vida, el único elemento disuasivo que nos queda para evitar el comportamiento autodestructivo son solo sus consecuencias circunstanciales. Y nuestro viaje por la pendiente resbaladiza de la infidelidad continúa hasta que, un día, somos exhibidos. Entonces nos preguntamos cómo pudimos haber sido tan descuidados y ciegos al peligro. Por desgracia, vemos que esto sucede regularmente con los líderes políticos, celebridades y atletas profesionales, pastores y otras personas en las noticias.

¡Necesitamos apoyarnos en lo más importante!

La Biblia dice que el matrimonio ha de ser "honroso".[59] Eso significa que el matrimonio ha de ser una relación honorable para ambos cónyuges. No hay ningún lugar en el plan de Dios para la opresión, ya sea por parte del hombre o de la mujer, independientemente de la cultura de la que vengamos.

---

[59] Hebreos 13:4. RV1060

Resumen

- Ame a Dios con todo su corazón.
- Ame a su cónyuge como su mayor responsabilidad y privilegio terrenal.
- Ame a sus hijos y a su familia extendida.
- Ame su trabajo y tus pasatiempos y deportes y todo lo demás.

Cultive el hábito de la comunicación abierta

Alguien dijo una vez: "La comunicación es para el amor lo mismo que la sangre es para el cuerpo". Quite la sangre al cuerpo y morirá. Cuando la comunicación se detiene o se vuelve tóxica, el matrimonio sufrirá.

La comunicación abierta de la que estoy hablando no es solo el intercambio de información; es ser lo suficientemente abierto como para explorar sus propios sentimientos, heridas, alegrías, sueños y expectativas, y compartirlos con su cónyuge. Eso significa que, como pareja, tenemos que penetrar bajo la superficie y abordar los problemas reales de la vida cotidiana.

La comunicación siempre es más fácil cuando estamos discutiendo algo positivo, pero debemos esforzarnos por ser honestos y tener una comunicación abierta incluso en tiempos difíciles. Ya sea que haya recibido una excelente oferta de trabajo o esté lidiando con un problema financiero, la comunicación abierta hará que las expectativas de cada cónyuge sean claras y les ayudará a aceptar la realidad cuando las cosas no cumplan con esas expectativas.

Comprométanse a tomar las grandes decisiones, como el manejo de las finanzas, juntos. Si se comprometen a tomar todas las decisiones familiares importantes juntos, no se verán tentados a guardar secretos. Esta es una de las mejores formas de desarrollar confianza y respeto mutuo como pareja. Y recuerde, la forma en que decimos algo es tan importante como lo que decimos. Trate de que sus palabras sean siempre amables y constructivas.

Desarrollar una comunicación abierta no es un factor fácil de lograr, ya que los hombres y las mujeres son diferentes en esta área. La investigación indica que las mujeres tienen mayores habilidades lingüísticas que los hombres. En pocas palabras, ¡ellas hablan más y con más detalle que ellos! Una mujer normalmente expresa sus sentimientos y pensamientos mucho mejor que su marido y a menudo se frustra por su renuencia a hablar. Todo consejero matrimonial experto le dirá que la incapacidad o falta de voluntad de los esposos para revelar sus sentimientos es una de las principales quejas de las esposas.

La comunicación es una habilidad que se aprende y es a menudo un trabajo duro. Tenemos que dar tiempo para tener conversaciones significativas. Salir a caminar y salir a cenar son formas simples que mantienen viva la chispa y crean una atmósfera para una conversación más profunda.

Resumen
- Aprenda el arte de la comunicación abierta.
- Aprenda a compartir un amplio espectro de información, no solo sentimientos.
- Aprenda a ser honesto y positivo, incluso cuando hable de cosas difíciles.

Asegúrese de que conoce sus límites

Esto puede parecer excesivo, pero decida ahora, en un momento de fuerza, lo que nunca hará en un momento de debilidad. Esto no es legalismo; es sabiduría. Estará colocando barreras de protección donde deben estar: frente al peligro.

Poner límites alrededor de su corazón lo guarda como terreno sagrado. Su corazón está reservado solo para Dios y su cónyuge. Dicho esto, la mayoría de las personas se dan cuenta de que nacemos como criaturas egoístas y egocéntricas, con una capacidad asombrosa para racionalizar la autogratificación.

No debe sorprendernos que mantener límites es un tema importante para el matrimonio ya que los límites fueron ordenados por Dios. Leemos, en la historia de la creación, que "la tierra era un caos total, las tinieblas cubrían el abismo, y el Espíritu de Dios se movía sobre la superficie de las aguas".[60] Entonces sucedió algo muy significativo. ¡Dios estableció límites! "«¡Que exista el firmamento en medio de las aguas, y que las separe!»".[61]

Dios creó límites naturales entre la tierra y el agua para que la tierra pudiera funcionar de una manera que sustentara la vida. Nosotros también necesitamos límites emocionales, espirituales y físicos para que nuestras vidas puedan funcionar de manera saludable.

Tener límites saludables nos ayudará a:

- Ser capaces de decir *sí* a las cosas buenas y decir *no* a las cosas malas.
- Entender mejor cómo tomar decisiones saludables.
- Asumir la responsabilidad de nuestras acciones.
- Saber cómo establecer límites a las intrusiones de los demás en nuestras vidas.

Hay cosas inocentes que usted hizo de soltero que sería inapropiado hacer como hombre o mujer casado, como viajar en su auto solo o tener una comida privada con un

---

[60] Génesis 1:2.
[61] Génesis 1:6.

compañero de trabajo del sexo opuesto. Estas no son actividades pecaminosas en sí mismas, pero no hay ninguna razón para hacer algo que podría fácilmente conducir a cosas que sí son pecaminosas. Casi ninguna aventura ocurre de la noche a la mañana. Muchas veces una aventura comienza inocentemente, o incluso a pesar de las mejores intenciones; pero, si usted no la inicia, nunca será un problema. Del mismo modo, si nunca estoy solo con una mujer, no tendré una aventura. Es así de simple.

Tampoco hay nada pecaminoso en tener una personalidad amigable y que nos guste conocer gente. Sin embargo, un hombre o una mujer casados deben ser más cautelosos sobre todo cuando viajan solos o están pasando por un período difícil en su matrimonio. En los encuentros cara a cara, espero que el anillo en su dedo le ayude a recordar su compromiso. Sin embargo, en nuestros días, no asuma que el anillo necesariamente cambiará las atenciones de otra persona. Entrenadores, maestros, enfermeras, médicos y pastores: cuidado con la trampa de la ternura. Es real y, a menudo, un antecedente de la infidelidad emocional y posiblemente física.

En nuestra nueva cultura de los medios sociales, las relaciones ya no tienen que desarrollarse cara a cara. Considere lo siguiente:

> Un estudio reciente ha encontrado una correlación entre la salud relacional y el uso de Facebook que puede hacer que más personas decidan apagar la computadora y el teléfono inteligente para pasar más tiempo poniendo atención a sus cónyuges.

> El estudio, publicado en el *Journal of Cyberpsychology, Behavior and Social Networking*, encontró que las personas que usan Facebook más de una vez por hora tienen más probabilidades de "experimentar conflictos con sus parejas románticas relacionados con Facebook". Ese

conflicto podría llevar a una ruptura o divorcio. En el estudio, realizado por Russell Clayton, un estudiante de doctorado en la Facultad de Periodismo de la Universidad de Missouri y sus colegas en la Universidad de Hawai en Hilo y la Universidad de St. Mary en San Antonio, se encuestó a 205 usuarios de Facebook de entre 18 y 82 años. De los encuestados, el 79 por ciento reportó tener una relación romántica.

Clayton planteó la hipótesis de que el uso más frecuente de las redes sociales y el monitoreo de nuestra pareja podría conducir a malentendidos y sentimientos de celos. El estudio parece haber demostrado esa hipótesis al notar una fuerte correlación entre uso de Facebook y la estabilidad de la relación. Clayton dijo que, para la mayoría, la correlación probablemente se derivaba de celos y argumentos por relaciones pasadas y espiar a la pareja en las redes sociales. Por supuesto, el estudio también encontró que las redes sociales hacen posible que los usuarios se vuelvan a conectar con otras personas, incluidas parejas sentimentales anteriores, lo que podría conducir al engaño emocional y físico.

El estudio de Clayton no es el primero de su tipo. En 2012 el sitio *Divorce-Online UK* encuestó a abogados británicos de divorcio para determinar si había una conexión anecdótica entre el uso de las redes sociales y el divorcio. Según esa encuesta, aproximadamente uno de cada tres divorcios resultó de desacuerdos relacionados con las redes sociales. Del mismo modo, una encuesta realizada por la Academia Estadounidense de Abogados Matrimoniales (AAML, por sus siglas en inglés) en el 2010 encontró que cuatro de cada cinco abogados usaron evidencia derivada de sitios de redes sociales en casos de divorcio, siendo Facebook la red social más utilizada.[62]

---

[62] www.hg.org/legal-articles/facebook-has-become-a-leading-

Además, los hombres motivados y competitivos tipo A tienden a esforzarse mucho en su trabajo, pero les resulta menos conveniente cuidar sus almas y conectarse con sus esposas. A menudo, encuentran innecesario o incluso incómodo establecer relaciones transparentes con otros hombres cristianos. El agotamiento puede paralizar su capacidad de pensar y hacerlos susceptibles a la búsqueda de formas de relajamiento incorrectas como medio de alivio inmediato.

Comprenda que la capacidad de todo ser humano para engañarse a sí mismo cuando no está conectado con Dios es tremenda. Tenga en cuenta que, una vez que comience a justificar un comportamiento incorrecto, cada excusa sonará más plausible. Como resultado, se hundirá más y más en el pecado y la ruina. Admita que no puede confiar en usted mismo separado de Dios. Tome la decisión de permanecer cerca de él.[63]

Resumen
- Establezca límites antes de que los necesite.
- Establezca una forma de rendición de cuentas con su cónyuge.
- Establezca margen en su vida para refrescar su espíritu y su voluntad para resistir la tentación.

Aumente su inversión en el hogar

De todas las habilidades necesarias para que un matrimonio tenga éxito, la mejor es la disponibilidad. Cuando usted dispone de tiempo para su pareja, la relación se fortalecerá naturalmente y usted descubrirá que pasar tiempo juntos es una buena inversión que pagará grandes dividendos en el futuro.

---

cause-in-divorce-cases-27803.
[63] . Jerry Jenkins *Hedges: Loving Your Marriage Enough to Protect It.* Wheaton: Crossway. 2005.

Todos hemos visto parejas casadas donde hay poca interacción verbal y el esposo responde a las preguntas de la esposa con pequeños gruñidos. No sean esa pareja. Sus conversaciones no siempre tienen que ser sobre grandes temas. Sentarse con su esposa en la noche y hablar y escucharse el uno al otro le muestra a ella que una de las cosas que usted disfruta más es estar con ella y escuchar lo que tiene que decirle.

Piense en sus días de noviazgo o cuando estaban comprometidos. Recuerde las horas que pasaba hablando por teléfono o en persona, hablando con su futuro cónyuge. Cuando eran novios, no había nada que no pudieran discutir. De hecho, nunca se cansaban de aprender sobre cada detalle de la vida del otro. Fue una "temporada de apertura" en todo lo personal y en cuanto a sus aspiraciones. Compartían todo.

Comunicarse era algo que hacíamos naturalmente entonces, pero las cosas cambiaron. La atención de cada uno se desplazó para atender al trabajo, mantener el hogar y criar hijos. La inversión de tiempo en el cónyuge fue reemplazada lentamente por una inversión en cualquier otra persona.

Los hombres usan la conversación para transmitir información. Las mujeres usan la conversación para conectarse; pero el objetivo de tener una conversación significativa es hablar sobre cosas que los mantengan actualizados sobre el desarrollo personal de cada uno y profundicen su comprensión de su cónyuge. Los matrimonios fuertes se construyen pasando tiempo juntos, riendo juntos, jugando juntos y hablando juntos.

Muestre a su cónyuge el aprecio que se merece. Mencione todas las formas maravillosas en que su esposa hacer mejor su vida. Y no solo en días especiales. Exprese su gratitud por lo bien que maneja las necesidades de todos en la casa; lo bien que se cuida a sí misma mientras tiene que atender a los demás; lo considerada que es con sus padres. Expresar su reconocimiento por la multitud de cosas sutiles que su esposa hace todos los días aumentará su conexión emocional y la hará sentir especial porque usted la considera tan valiosa.

Su esposa necesita sentir que ella es la persona más importante del planeta para usted. Ella necesita saber que usted es quien la conoce mejor y la ama más. Aprenda su lenguaje del amor y hable a su corazón. Pase suficiente tiempo haciéndola darse cuenta de que no solo está diciendo palabras para sentir que cumplió con su deber, sino que realmente aprecia todo lo que significa para usted.

Dicho esto, también necesita tiempo para sí mismo. "La ausencia hace crecer el cariño". La cantidad de tiempo que pasen juntos o separados variará de pareja a pareja y se debe discutir abierta y honestamente de acuerdo con las necesidades de cada quien.

Resumen
- Mantenga el fuego del hogar encendido como una cuestión prioritaria.
- Mantenga el interés en el desarrollo de su cónyuge en todos los niveles.
- Mantenga su calendario lleno de cosas para hacer en pareja.

Recursos

Nancy Andeson. *Avoiding the Greener Grass Syndrome: How to Grow Affair Proof Hedges Around Your Marriage*. Kregel Publications. 2014.

Henry Cloud and John Townsend. *Boundaries in Marriage*. Zondervan. 2009.

Jerry Jenkins. Hedges: Loving Your Marriage Enough to Protect It. Crossway. 2005.

Willard F. Harley, Jr. *His Needs, Her Needs*. Revell. 2011.

Emerson Eggerichs. *Love and Respect: The Love She Most* Desires; *The Respect He Desperately Needs*. Thomas Nelson. 2004.

Ellen Dean. *Marriage Trust Builders: A Practical and Biblical Guide for Strengthening and Restoring Trust in Marriage*. WestBow Press. 2018.

Jeff Iorg editor. *Ministry in the New Marriage Culture*. B&H Books. 2015.

Steve and Cindy Wright. *Seven Essentials To Grow Your Marriage*. Prevail Press. 2018.

Gary Chapman. *The 5 Love Languages*. Northfield Publishing. 2014.

Ron & Jody Zappia. *The Marriage Knot: 7 Choices that Keep Couples Together*. Moody Publishers. 2019.

10

¿Dónde está tu corazón?
El valor de una vida equilibrada

Por Anson Nash MS
Asociación Bautista de Corpus Christi

Primero, un breve resumen sobre mí, Anson Nash. Crecí en una familia con un fuerte compromiso espiritual. No solo íbamos a la iglesia, ¡la vivíamos! Mi madre tocaba el órgano en la iglesia y era la secretaria, un tío era el director musical, otro era el tesorero y mi abuela enseñaba en la escuela dominical.

Crecí orando así: "Señor, por favor llámame al servicio cristiano de tiempo completo". Cuando me estaba registrando para mi tercer año en la Universidad de Corpus Christi, que es una escuela bautista de Texas, Dios me habló, no de forma audible, pero con claridad. "Quiero que estés en el ministerio, pero no de la forma en que tú piensas. Quiero que sirvas en el ministerio de las escuelas públicas".

Me rendí. Bendecido. Tuve 34 años de "ministerio en las escuelas públicas" como maestro y director. Pero Dios en su bondad me brindó la oportunidad de servir 37 años como pastor asociado bi-vocacional.

El superintendente Scott Elliff me dijo una vez: "Podrías dirigir un negocio según los principios de Proverbios". He clasificado, por categoría, esos dichos sabios que guían nuestras decisiones y actitudes financieras en esta nota al pie de página.[64]

¡El hermano Rich era mi héroe![65]

Fue el pastor de la Primera Iglesia Bautista en Small Town, América. Su hijo era mi mejor amigo. Mi madre era su secretaria.

Tuve muchos héroes en esa época. Por ejemplo, tenía una preciada copa del Capitán Midnight Ovaltine. También tenía el anillo con el código secreto del Capitán Midnight, que brillaba en la oscuridad y tenía un espejo giratorio que cubría un compartimento secreto. Además, siempre estaba ansioso por llegar a casa todos los días para ver el emocionante programa de "es un pájaro, es un avión... no, ¡es Superman!". Superman salía de la cabina telefónica [pregúntenle a su abuelo] en un instante con su traje azul y rojo ceñido al cuerpo, la gran "S" roja en el pecho y una capa roja que ondeaba (en realidad, todo era blanco y negro en mi

---

[64] Proverbios sobre la **riqueza**: Proverbios 10:15, 13: 8 y 18:11. Proverbios 14:20 y 19: 4, 6-7. Proverbios 10: 2, 11: 4, 11:28, 13:11, 18:23, 20:17, 20:21, 21: 5-6, 22: 7, 28: 8 y 28: 20-22. Proverbios 23: 4-5. **Pobreza:** Proverbios 2:11, 6: 6-11, 10: 4, 13:18, 14:23, 20:13, 21:17, 23:21, 24: 30-34, 28: 8, 28:27 28:19 y 30:14. **Generosidad:** Proverbios 3: 9-10, 11:17, 11: 24-25, 14:21 y 19:17. **Avaricia:** Proverbios 1: 19,15: 27, 21: 25-26, 23: 6-8, 30: 15-16. **Conclusión:** Proverbios 14:31 y 22: 2. - Tomado de Copeland, Mark A, "Executable Outlines,", 2016.

[65] "Rich" no era su verdadero nombre. Aunque ha estado con el Señor durante muchos años, porque era mi héroe, no deseo estropear su reputación, pero es un gran ejemplo de los que pasa cuando nos saltamos las barreras de protección financiera, la devastación que esto puede causar.

televisor). Amaba a Roy Rogers, Cisco Kid, Gene Autry y el Llanero Solitario como si fueran amigos de la familia.

En el mundo real, tenía tíos y hombres cristianos fuertes en la Primera Iglesia Bautista que cubrían el hueco de mi padre ausente. La Hermandad [pregúntenle a su abuelo] incluso me aceptó como miembro a los 17. Hubo momentos en que sentí lástima por mis amigos que tenían solo una figura paterna en sus vidas. Pero para mí el hermano Rich se elevaba por encima de todos, física y relacionalmente. Era un pastor genial. Fue mi primer director juvenil y mi primer director de coro juvenil. Era un tipo divertido y simpático. Hicimos viajes juntos, hicimos visitas juntos y pescamos juntos. Él era más que un pastor; era mi mentor.

Quizás una de las razones de él que me atraían era que tenía todos los juguetes más novedosos. Fue la primera persona con la que corrí a más 100 millas por hora en la carretera. Estábamos probando su nuevo y aerodinámico Chrysler. Compró un costoso equipo de palos de golf para poder mejorar sus relaciones con los hombres de la iglesia y la comunidad.

El hermano Rich llegó a nuestra iglesia proveniente de una iglesia rural bautista donde se vio obligado a irse debido a la "presión política del alguacil" (más detalles sobre esto un poco adelante). Él fue el pastor que Dios nos envió para guiarnos a un nuevo proyecto de construcción. Como contribución al fondo de construcción, amuebló su oficina con hermosos muebles comprados, a crédito, a un diácono que era dueño de mueblearía local. Resulta que les debía dinero a varias personas en nuestra pequeña comunidad.

En ese período de cinco o seis años creó algunos grandes recuerdos para mí. Estaba tan devastado que hice mi primer viaje yo solo para visitarlo en su nuevo hogar en Del Río. Su partida también creó algunos recuerdos no tan buenos para mí. Él fue el centro de la primera pelea que presencié en la iglesia donde crecí (quizás Dios me estaba preparando para ser Director de Misiones).

Fue terrible. Los hombres que habían sido mis maestros en la escuela dominical y me habían enseñado en la Hermandad ahora le gritaban al pastor en una reunión de negocios. Los ánimos de estos señores que siempre conocí por su amabilidad y a quienes amaba, se encendieron. En ese momento no estaba consciente, tal vez debido a mi relación ellos, tal vez porque me habían dejado fuera de su círculo desde que era adolescente. No tenía idea por qué se había desatado esta guerra (como nota al margen, era un homenaje a la secretaria de mi iglesia que yo no supiera lo que estaba pasando. Ella tomaba muy en serio la confidencialidad. Nunca jamás llevaba a casa chismes o "peticiones de oración" con respecto a lo que había sucedido en la oficina a puerta cerrada).

Esa fatídica reunión de negocios terminó con la expulsión del edificio y la persecución física del pastor. Estaba en shock. ¡Me sentí herido! Estaba confundido. A medida que pasaban los días y las semanas y comencé a conocer todos los detalles, descubrí las causas de la "guerra". Parece que el pastor Rich y un amigo de la iglesia anterior habían pedido prestada una cantidad significativa de dinero para una granja de pollos que quebró. Se fueron de esa ciudad rural dejando un préstamo que no pudieron pagar. Resulta que la "presión política del alguacil" había sido más bien una "huida de la ley". No respetar sus barreras de protección financiera le costó al pastor Rich su iglesia, el respeto, la paz de su familia y su testimonio.

Autobiográficamente, quiero compartir por qué elegí el tema de "salud financiera" como mi barrera de protección. Comencé a trabajar para la empresa de ingeniería de mi abuelo cuando estaba en la escuela primaria. Ganaba más dinero que cualquiera de mis amigos. Siempre diezmaba los primeros diez centavos de cada dólar. Luego ahorraba el resto.

Mi meta era convertirme en millonario a la edad de 40 años. A los 44 años, en 1984, estaba a casi tres cuartos de la meta (valor en activos = $ 716,000). En dólares de hoy, habría sido millonario. Habíamos heredado tierras y teníamos diez nuevas casas de alquiler. Debido a que la inflación era de dos dígitos, nuestras inversiones en vivienda se duplicaron cada año. Iba a la oficina de mi corredor de bolsa y veía a los viejos en sus tirantes y corbatines sentados todo el día mirando el tablero de cotizaciones de la bolsa.

Mi sueño era jubilarme siendo joven y administrar mis inversiones. Entonces comenzaron a sucederle varias cosas a nuestro imperio financiero. Mi esposa es una gran cocinera y pensé que sería divertido tener un restaurante. Pero comprar un restaurante fue un gran error. El trabajo estaba matando a mi esposa y perdimos $ 50,000 en el negocio. Ninguno de nosotros sabía cómo administrar un restaurante.

Los cimientos de nuestra casa se partieron en cinco secciones. Nuestra hija estaba en la universidad durmiendo en el piso de su departamento. No teníamos dinero para ayudarla. Cuando nuestro automóvil se averió a la orilla de la carretera, llamé a mi mecánico y le dije que si lo recogía, podría quedarse con él. Linda fue durante 18 meses caminando a donde tuviera que ir. Ni siquiera podíamos pagar nuestro seguro de automóvil.

El mercado inmobiliario se estaba derrumbando. Dios estaba tomando todo lo que habíamos acumulado con tanto trabajo, dólar por dólar. Finalmente dije: "Dios, ¿podemos liquidar todo y hacerte un cheque?". Te puedo decir ahora, fue una de las mejores lecciones que he aprendido, pero su costo fue extremadamente alto.

Mientras pasaba todo esto, hice un viaje de caza con un empresario cristiano. Él acababa de perder todo su dinero por una mala inversión. Había perdido todo su capital y el de sus clientes, pero estaba en paz.

Sabía que Dios estaba a cargo de su vida y no necesitaba entender por qué había sucedido todo eso. Su historia me dio mucha paz. ¡De pronto supe por qué Dios me envió a ese viaje! Aprendí que Dios y yo teníamos diferentes ideas sobre el dinero.

Aprendí que todo lo que Dios quería de mí era una relación de amor.[66] No le impresionaba el tamaño de mis juguetes.

A Dios no le importa si soy rico o pobre: me ama tal como soy. Le entregué todo a él. Le entregué mi sueño de ser millonario. Le entregué mi sueño de jubilarme y administrar mis inversiones. Le dije: "Señor, haré lo que quieras, y dependeré de lo que tú quieras darme". Si hubiera seguido mi sueño millonario, hoy no hubiera escribito esto. No estaría sirviendo como Director Ejecutivo de la Asociación Bautista de Corpus Christi. No habría sido el pastor de grupos pequeños en la Iglesia Bautista de la Isla del Padre en los últimos 19 años. En cambio, estaría sirviéndome a mí mismo, administrando mis inversiones y viajando.

¿Es malo ser rico? ¡Lo era para mí! Dios sabe lo que necesitamos y lo que no necesitamos. La Asociación me envió a un evento de capacitación en Ridgecrest, Carolina del Norte, hace muchos años. El líder hizo una declaración que me enseñó una lección para toda la vida. "No importa", dijo, "quién firma tu cheque de pago, no importa cuál sea el título

---

[66] Blackaby, Henry y Richard, y King, Claude. *Experiencing God: Knowing and Doing the Will of God, Revised and Expanded*. Broadman & Holman Books. 2008.

de tu trabajo. Lo único que importa es si estás haciendo hoy lo que Dios quiere que hagas. Él se encargará del resto".[67]

Dios ha seguido encargándose del resto.

Pasos para colocar las barreras de protección en su lugar y mantenerlas allí

1. Oración, ayuno y estudio de la Biblia. Ore usando versículos sobre dinero y finanzas (mayordomía).

2. Ponga el ingreso de uno o dos años en cuentas de ahorro o del mercado monetario. Si hace esto, no solo no tendrá que pedir prestado para emergencias, también tendrá dinero para aprovechar ofertas de $ 100,000 por $ 50,000. Puede llevarle cuatro o cinco años hacer esto, pero un día podrá "vivir como nadie más".

3. Presupuesto. Como dice Dave Ramsey, "póngale un nombre a cada dólar". De lo contrario, el dinero se escapará de sus manos y ni siquiera sabrá lo que pasó.

4. Viva sustancialmente por debajo de sus ingresos. Cualquiera puede gastar más de lo que gana. Hace unos años, alquilamos un terreno a una compañía petrolera para perforar un pozo. Cuando el pozo empezó a operar, el primer cheque nos permitió comprarle a mi esposa un auto convertible deportivo de lujo en efectivo. Nuestro contador nos advirtió que había visto a muchos beneficiarios de regalías elevar sus estilos de vida conforme aumentaban sus nuevos ingresos solo para encontrarse en problemas cuatro años después cuando el

---

[67] Fui el Director de Capacitación / Discipulado de la Asociación. El líder de la sesión de grupo mencionada era uno de los hermanos Blackaby. Es lo único que recuerdo de esa semana, pero mi vida cambió.

pozo de petróleo o gas dejara de producir. En el programa de televisión, McMillan y Wife, el sargento Enright preguntó: "Comisionado, ¿puede decirme cómo un hombre con un millón de dólares puede quebrar?". A lo que el comisionado de policía McMillan respondió: "Gastando un millón y medio".

5. Desarrolle el hábito de dar. Desarrolle un espíritu de generosidad. Somos bendecidos para ser de bendición. En nuestra ciudad, el departamento de agua constantemente tiene que ir al hidrante que está al final del sistema de distribución del agua para abrirlo y permitir que el fluya una cantidad de agua suficiente como para evitar que el agua se vuelva rancia. Lo mismo sucede cuando nos conectamos a la tubería de bendiciones que fluye de nuestro Padre.

6. Enseñe a sus hijos a trabajar y gastar sabiamente, ahorrar y dar. Sus hijos son el mayor patrimonio que dejará. Capacítelos para vivir en paz financiera.

7. Establezca prioridades Esto es esencialmente lo que hace un presupuesto. Es cierto que mirando la chequera de una persona se sabe dónde está su tesoro y mirando su calendario se sabe cómo administra su tiempo.

8. Desarrolle una actitud de agradecimiento. Si vivimos con una actitud de gratitud, la gente verá que hay algo diferente en nosotros.

9. Rechace un espíritu temeroso. Casi siempre el hábito de acumular viene del miedo a carecer de algo. Tememos miedo de no parecer personas exitosas. Tememos no poder pagar el recibo de la luz si entregamos el diezmo este mes. Existe la preocupación de que se nos acabe el dinero antes de que termine el mes, o que nuestro fondo

de jubilación no dure más que nuestra pensión. Tengo un amigo cristiano que vende seguros de vida. Su filosofía es que el último cheque que escribamos debe ser para la funeraria... y debe rebotar. Su punto es que si tiene un seguro para cubrir a su familia después de su partida, no tiene que preocuparse por el dinero mientras esté vivo.[68]

10. Olvídese de competir con sus vecinos, ¡simplemente refinanciaron su casa! Encuentre su equilibrio entre el ascetismo y el materialismo.

---

[68] Bill Bevill, Primera Iglesia Bautista de Corpus Christi.

Recursos

Larry Burkett. *Principles Under Scrutiny*. Christian Financial Concepts: Dahoohego. 1990.

Richard Carlson. *Don't Sweat the Small Stuff*. New York: Hyperion. 1997.

George S. Clason. *The Richest Man in Babylon*. 1928.

Stephen Covey. *The Seven Habits of Highly Effective People*. New York: Fireside. 1989.

Lee Ann Crockett. *Preventing Fraud in Church Accounting*. San Antonio. 2018.

ECFA.com, Evangelical Council for Financial Accountability.

Faith and Finances: https://resources.seedbed.com/faith-and-finances

Leslie B. Flynn. *Your God and Your Gold*. Grand Rapids: Zondervan. 1973.

Jamieson & Jamieson. *Ministry & Money, A Practical Guide for Pastors*. Louisville: Westminster John Knox Resources. 2009.

Dave Ramsey. *Financial Peace Revisited*. Viking, 2003.

11

¿Dónde están nuestras barreras de protección?
El valor de los límites adecuados

Por Darrell Horn, D. Min.
Asociación Bautista de San Antonio

La última pregunta

Comenzamos en el primer capítulo con una introducción sobre por qué elegimos escribir este libro. Hasta este punto, hemos presentado nueve preguntas vitales para guiarnos en nuestra jornada ministerial. Sin embargo, queda una última pregunta.

Concluimos nuestra lista de diez preguntas con un desafío final: **¿Dónde están nuestras barreras de protección?** El sabio consejo ofrecido en este libro no nos servirá de nada si no tenemos límites apropiados en nuestra vida. Podemos darle un vistazo al contenido de este libro, pero será inútil si no actuamos de acuerdo con lo que leemos. Debemos actuar intencionalmente al colocar y mantener esas barreras de protección.

Es muy fácil en estos días encontrar un titular noticioso sobre líderes cristianos que sabían cuáles eran las barreras de protección, pero que no las colocaron en su lugar o decidieron ignorarlas. Desafortunadamente, debido a que las barreras de protección no estaban en su lugar, se salieron del camino y se descalificaron a sí mismos como líderes. En los últimos meses, los titulares de noticias nacionales y locales han incluido suicidios, escapadas a clubes nocturnos, votos matrimoniales rotos, uso no autorizado de tarjetas de crédito, estilos de vida lujosos, mensajes de texto indecorosos, lenguaje y comportamiento abusivos, negación de la fe cristiana, así como un comportamiento inapropiado, por ejemplo un lenguaje y contacto físico incorrectos.

Recientemente fui invitado por un profesor universitario para enseñar una noche en su clase. El tema que me dio para el enfoque de la noche fue "abuso sexual en la iglesia". Desafortunadamente, mientras me preparaba para la clase, rápidamente elaboré una lista de no menos de nueve ejemplos iglesias locales a las que ayudé durante una situación difícil. Si me hubieran dado el tema con un poco más de tiempo, habría creado una lista mucho más larga. En cada situación en ese salón de la infamia, cada líder cristiano había cruzado uno o más límites claramente marcados. Destruyeron no solo sus vidas sino también las vidas de sus familias, y lastimaron el cuerpo de su iglesia local y la reputación de la iglesia en la comunidad. El daño provocado en cada situación fue severo.

Una vez más, pregunto: "¿Dónde están nuestras barreras de protección?". Cuando consideramos la alternativa de no tener límites o ignorar los que tenemos, las consecuencias son devastadoras. Debemos tener barreras de protección adecuadas bien colocadas si realmente queremos recorrer el camino espiritual que Dios nos ha dado.

Establecer barreras protectoras significa fijar límites no solo en nuestras interacción con los demás sino también en nuestro comportamiento personal. Es de vital importancia establecer qué es aceptable y qué no es aceptable en nuestras relaciones con los demás.

Las barreras son los estándares de Dios en todas las áreas de la vida que nos permiten conducirnos por los carriles correctos en nuestro caminar espiritual. Mientras estamos en este lado de la eternidad, nuestras vidas enfrentan muchas dificultades, topes para reducir la velocidad, baches, curvas pronunciadas y personas que conducen en el carril equivocado. El tráfico en sentido contrario requiere que tengamos barreras firmes. Sin estas, corremos el riesgo de descalificarnos del ministerio al no permanecer en un camino que conduce a una vida santa.

Cuando era niño, mi padre clavó una pequeña pista de carreras en la parte trasera de una vieja puerta pintada de blanco. Guardaba la pista de carreras debajo de la cama cuando no estaba jugando con ella. Recuerdo estar recostado en el piso junto a él cuando jugábamos con la pista. Al principio, era difícil para mí aprender a operar los controles para ajustar la velocidad de los pequeños autos eléctricos. Por lo general, mi padre ganaba cuando nuestros autos corrían por la pista porque él podía reducir la velocidad de su auto al pasar por las curvas. Como no teníamos barreras, mi auto salía volando de la pista cuando tomaba las curvas. Recuerdo la frustración que sentía cuando no podía mantener el auto en la pista. Cuando no podemos mantener nuestras vidas en el camino correcto, nos sentimos frustrados y nos preguntamos por qué la vida es tan difícil. Tal vez no tenemos las barreras de protección adecuadas.

Viviendo sin barreras protectoras

En la última noche de un viaje misionero internacional que el pastor Noel estaba coordinando con un miembro de su equipo y varios miembros de su congregación, recibió una llamada de su esposa al hotel. Noel había dejado su teléfono personal en casa durante el viaje y su esposa Leona había revisado sus mensajes de texto. Llamaba porque quería saber por qué la ministra de niños, que era una joven mujer casada, le había estado enviando tantos mensajes de texto con imágenes impropias. También quería saber quién era la persona a la que había estado enviando mensajes de texto a las 2 de la mañana, cuando debería haber estado dormido junto a ella. Él intentó negarlo todo, pero solo empeoró las cosas. Después de la llamada, Noel informó silenciosamente a la ministro de niños, que también estaba en ese viaje, que su relación íntima había sido descubierta. Noel tomó el primer avión a casa a la mañana siguiente dejando a un colaborador a cargo del viaje.

En el vuelo, Noel tuvo tiempo de evaluar su vida.

Hasta este momento, Noel había sido considerado un líder modelo en todas las áreas de la vida. Todo le había salido bien. Todas las semillas de su arduo trabajo en los últimos años habían producido una cosecha fructífera en su vida. Él era un modelo de éxito. Era un pastor muy respetado, no solo en su iglesia y comunidad, sino también en la asociación local de iglesias. Fue considerado como un líder de líderes.
En cuanto a sus títulos académicos, Noel había completado recientemente su doctorado en consejería. Sintió que estaba en la cima de su carrera. Su arduo trabajo y dedicación le habían pagado una vez más grandes dividendos. Ya había publicado varios libros y estaba trabajando en varios más que pronto se publicarían. Una de las estaciones de radio locales comenzó a tenerlo como invitado en una transmisión en vivo. Como parte del formato, Noel aconsejaría a las personas 'en vivo' cuando llamaran al programa. Esta difusión por radio amplió su influencia más allá de su propia comunidad hasta una región geográfica más extensa.

En el ministerio, Noel había llegado a un tramo de carretera recta. No podía ver obstáculos importantes ni a corto ni a largo plazo. No veía ninguna razón para tener barreras de protección en su vida. Sintió que podía poner las cosas en piloto automático por un tiempo. La iglesia, donde se había convertido en pastor hace unos pocos años, estaba bien. Recientemente habían decidido iniciar un proyecto de ampliación de las instalaciones que incluía un gran salón de compañerismo y un espacio educativo adicional. La cantidad total de donaciones de los miembros de la iglesia aumentó. Todos estaban emocionados y satisfechos con el liderazgo de Noel.

En la casa, su esposa e hijos estaban bien. Les había tomado un tiempo adaptarse, pero ahora parecían felices y contentos en su nueva comunidad. Habían dejado atrás la última iglesia donde Noel había servido como pastor. A pesar de que hubo algunos momentos difíciles, estaban felices de tener este nuevo comienzo. La esposa de Noel, Leona, estaba entusiasmada con los recientes éxitos que su esposo había logrado.

Noel estuvo activo en su asociación local. Era apreciado por otros ministros y sirvió como líder de uno de los equipos prioritarios de la asociación. Las posiciones de liderazgo rotaban cada año y Noel se encaminaba rápidamente a convertirse en el vicemoderador. Después de dos años, podría convertirse en el principal líder de la asociación después del director.

La influencia de Noel estaba creciendo en todas las áreas. No veía ninguna razón para tener barreras cuando todo parecía estar bien. No había problemas, no había vueltas en el camino por delante. Se sentía capaz de manejar el estrés adicional que trae el éxito. Pensó que las barreras de protección eran una señal de debilidad o de falta de carácter.
Con el éxito que estaba experimentando, su agenda se había sobrecargado tanto que no podía seguir el ritmo. Comenzó a buscar atajos para ahorrar tiempo. Pensó que nadie se daría cuenta si no agregaba las referencias necesarias en las cosas que escribía y publicaba. Si su intención era regresar y proporcionar la información adecuada después, no era realmente plagio, ¿verdad? Incluso cuando predicaba, no era gran problema descargar sus sermones dominicales de internet. No tenía la energía emocional para estudiar y

justificaba su decisión por la falta de tiempo. Nadie parecía notarlo. Además, su influencia estaba aumentando. El coqueteo inofensivo con meseras o las bromas groseras eran solo para aliviar su estrés. Su esposa entendió que su trabajo le exigía cada vez más tiempo. Le preocupaba que él estuviera bajo tanto estrés, pero, en silencio, soportó la situación. El número de veces que no llegó a la cena familiar aumentó. Luego estaba la presión financiera resultante de sus gastos excesivos. El pago mensual de su auto nuevo estaba absorbiendo todo el dinero extra en el presupuesto familiar.

Noel asumió que su nuevo éxito y las demandas de una agenda saturada habían creado una presión adicional para actuar. Pensó que podía manejarlo, pero la gente comenzó a notar que parecía estar estresado todo el tiempo. Dejó de hacer visitas al hospital y de realizar otras tareas pastorales normales. Dejó de ser un líder siervo y esperaba que otros tomaran la batuta. Cada semana le era más difícil controlar su temperamento. La presión dentro del volcán emocional estaba aumentando. Había esperado que este viaje misionero le proporcionara el relax que creía que necesitaba y merecía.

Entonces, las cosas se derrumbaron.

Antes de que el avión pudiera aterrizar en casa, los sórdidos detalles habían llegado a oídos de los ancianos de la iglesia a través de los miembros del personal. Los ancianos rápidamente llamaron al director de la asociación local de iglesias para pedir ayuda. Leona también llamó al director y le pidió que recogiera a Noel en el aeropuerto. Los dos hombres hablaron en privado durante el viaje desde el aeropuerto sobre la necesidad de un proceso de restauración.

Cuando Noel llegó a casa, él y Leona hablaron. Fue entonces cuando se dio cuenta de que las noches en que Noel supuestamente estudiaba en la oficina de la iglesia no tenían nada que ver con la preparación del sermón, sino que eran el encuentro secreto de Noel y la ministra de niños en su oficina. Los miembros de la iglesia quedaron devastados cuando la noticia se filtró a toda la congregación. Se encontró que el número de teléfono adicional al que había estado enviando mensajes de texto era el de una mujer soltera en la iglesia que había rechazado sus insinuaciones varias veces. Estaba buscando una conexión emocional y física fuera de su matrimonio. Afortunadamente ella rechazó todos sus intentos. ¿Era esta la única área donde el pastor Noel había caído de su pedestal? En una discusión en curso con el director de la asociación local de iglesias, los ancianos hicieron algunas averiguaciones adicionales y descubrieron nueva información sobre el préstamo de la iglesia para el nuevo proyecto de construcción. Parecía que faltaban fondos del préstamo, así como los estados de cuenta bancarios y otros documentos importantes de la iglesia.

A Noel no le gustaba que nadie señalara sus fallas o estableciera límites en sus acciones. Una tarde, cuando los ancianos intentaron responsabilizarlo por sus acciones, Noel perdió los estribos, soltó una serie de improperios y salió de la habitación. En lugar de despedir rápidamente a Noel, los ancianos de la iglesia querían diseñar un plan de restauración a través del cual el pastor estaría bajo su liderazgo para la rendición de cuentas, se establecerían algunas barreras de protección saludables en múltiples áreas de su vida, se salvaría su matrimonio y se restablecerían las relaciones familiares, así se pagaría el dinero que había robado. Estaban ofreciendo una respuesta llena de gracia al terrible desastre que él había creado.

Finalmente, Noel aceptó someterse a un plan de restauración. El plan era que Noel y los ancianos hicieran una declaración pública conjunta. Noel buscaría el perdón de la iglesia y los ancianos comunicarían los detalles del proceso de restauración a la congregación. Los ancianos querían que el director de la asociación local de iglesias estuviera presente para ayudar a responder preguntas y apoyar el proceso.

En la reunión de negocios, Noel agradeció a la iglesia por permitirle ser su pastor y expresó el gran privilegio que había sido servirles. La reunión comenzó bien. Entonces Noel rápidamente anunció que se estaba divorciando de Leona. Después de compartir algunas incómodas revelaciones adicionales, salió del santuario de la iglesia. La congregación estaba en estado de shock y cada día que pasaba el enojo se intensificaba a medida que los miembros de la iglesia se daban cuenta de todas las cosas que había hecho su antiguo pastor. Noel dejó la iglesia y su familia para recoger las piezas rotas. Luego dejó la ciudad y cortó toda comunicación con todos.

Unos seis meses después, el director local de la asociación de iglesias se sorprendió cuando una iglesia de otro estado lo contactó y le pidió que le diera una referencia de Noel. La solicitud era muy extraña considerando todo lo que había sucedido. Parece que Noel había seguido adelante con su vida y estaba buscando empleo como pastor de otra iglesia. El director se negó a dar una referencia sobre Noel y recomendó a la iglesia solicitante llamar a su iglesia anterior para conocer el carácter de Noel y la devastación que dejó tras de él.

La vida de Noel se convirtió en un huracán que destruyó todo a su paso. Incluso si algo no sufrió daños directamente, si los resintió indirectamente. Noel destruyó su vida, así como la de muchos más, porque no tenía las barreras protectoras adecuadas.

¿Barreras protectoras? ¿Quién las necesita? Todos los necesitamos.

Desafortunadamente, situaciones como las que se narran en esta historia han ocurrido una y otra vez en la vida de líderes cristianos. Los directores de las asociaciones de iglesias conocen muy bien estas historias. Los directores ven de primera mano a aquellos líderes que son como Noel porque los directores se quedan después de que el daño está hecho para ayudar a las iglesias a seguir adelante.

¿Dónde están tus barreras de protección?

Citas notables

"Los límites son muy importantes en cada área de nuestra vida. Sin ellos, la anarquía y el caos reinarían libremente".[69] Las barreras de protección personal son los límites físicos, emocionales y mentales que establecemos para evitar ser manipulados, utilizados o violentados por otros.[70] Las barreras de protección también son límites que establecemos para nosotros mismos para no manipular, usar o violentar a otra persona. Las barreras de protección funcionan en ambas direcciones.

General
"Los límites saludables juegan un papel importante en cada área de nuestra vida. Desde los límites financieros hasta los límites en las relaciones, debemos dar los pasos necesarios para establecer límites claros a fin de cuidar nuestra propia salud mental, física y emocional. Sin límites saludables, nos encontraremos agotados, exhaustos y abrumados".[71]

Personal
"No sería posible disfrutar de relaciones saludables sin la

---

[69] www.moneycrashers.com/personal-budget-planning-tips-financial-money-boundaries.
[70] www.essentiallifeskills.net/personalboundaries.html.
[71] www.financialsocialwork.com/blog/how-financial-boundaries-help-your-clients-create-sustainable-long-term-financial-behavioral-change.

existencia de límites personales, o sin nuestra voluntad de comunicarlos directa y honestamente a los demás. Debemos reconocer que cada uno de nosotros es un individuo único con emociones, necesidades y preferencias distintas. Esto es igualmente cierto para nuestros cónyuges, hijos y amigos. Establecer límites personales significa preservar su integridad, asumir la responsabilidad de quién es usted y tomar el control de su vida".[72]

Comunicación
"Los límites firmes, como prohibir el lenguaje inapropiado o el abuso verbal en el lugar de trabajo, ayudan a mantener un ambiente laboral agradable y profesional. Se alienta a los trabajadores a hablar de una manera respetuosa que no sea despectiva ni abusiva. Con límites claramente definidos con respecto a la comunicación, los trabajadores utilizan el tono y el lenguaje apropiados, lo que mejora las interacciones en el trabajo".[73]

Roles
"Los límites ayudan a las personas a comprender sus restricciones en el trabajo, lo que a su vez ayuda a mantener el enfoque en las tareas individuales. Con límites claramente definidos, los trabajadores entienden sus tareas y saben a quién acudir para pedir ayuda. Los límites permiten que el centro de trabajo funcione adecuadamente, incluso con supervisión".[74]

Comportamiento
Las barreras de protección "desalientan la conducta inapropiada mediante el establecimiento de reglas de conducta en el lugar de trabajo. Los códigos de conducta

---

[72] Ibídem.
[73] www.smallbusiness.chron.com/benefits-boundaries-lugar de trabajo-10748.html.
[74] Ibídem.

definen qué comportamiento es apropiado en el trabajo y qué comportamiento es inaceptable".[75] Por ejemplo, "los límites establecen estándares con respecto a las interacciones físicas, por lo que los trabajadores no se tocan entre sí de manera inapropiada".[76]

Un pensamiento final

Como líderes cristianos, necesitamos barreras de protección adecuadas en nuestra vida. Dejamos esta última pregunta del capítulo: "¿Dónde están nuestras barreras de protección?" como un desafío de por vida para cada uno de nosotros. Pablo nos alienta con estas palabras.

> *Por tanto, también nosotros, que estamos rodeados de una multitud tan grande de testigos, despojémonos del lastre que nos estorba, en especial del pecado que nos asedia, y corramos con perseverancia la carrera que tenemos por delante. Fijemos la mirada en Jesús, el iniciador y perfeccionador de nuestra fe, quien, por el gozo que le esperaba, soportó la cruz, menospreciando la vergüenza que ella significaba, y ahora está sentado a la derecha del trono de Dios.[77]*

Que Dios nos ayude a ser "un ejemplo a seguir en la manera de hablar, en la conducta, y en amor, fe y pureza".[78]

---

[75] Ibídem.
[76] Ibídem.
[77] Hebreos 12:1-2.
[78] 1 Timoteo 4:12.

Recursos

Building Better Boundaries.
www.cloudfront.ualberta.ca/media/medicine/
departments/anesthesiology/documents/workbookbuilding-
better-boundariesfeb2011.pdf.

Bradley Davidson. *Drawing Effective Personal Boundaries*
www.liveandworkonpurpose.com/files/Boundaries.pdf.

Setting Healthy Personal Boundaries.
www.recoveryeducationnetwork.org/uploads/9/6/6/3/9663301
2/boundary_setting_tips__1_.pdf.

Boundary Exploration. A Supplemental Exercise.
www.therapistaid.com/worksheets/boundaries-exploration-
activity.pdf.

¿Qué son los límites personales?
www.therapistaid.com/woorksheet/boundaries-
psychoeducation-printout.pdf.

Cómo crear límites personales.
www.uky.edu/hr/sites/www.uky.edu.hr/files/wellness/images/
Conf14_Boundaries.pdf.

ACERCA DE LOS AUTORES
Orden alfabético

David Bowman se ha desempeñado como Director Ejecutivo de la Asociación Bautista de Tarrant ubicada en Fort Worth, Texas, desde 2011. Obtuvo el título de Doctor en Ministerio en Predicación del Seminario Teológico Bautista del Suroeste.

Tom Henderson se ha desempeñado como Director de Misiones de la Asociación Bautista de Bell ubicada en Temple, Texas, desde 2006. Obtuvo un título de Doctor en Filosofía en Cuidado Pastoral con una segunda concentración en Misiones del Seminario Teológico Bautista del Suroeste.

Dale Hill se ha desempeñado como Director Ejecutivo de la Asociación Bautista de Burnet-Llano desde 2018. Se desempeñó como Director Ejecutivo de la Asociación Bautista de Galveston en 2014-2018. Obtuvo una Maestría en Divinidad del Seminario Teológico Bautista del Suroeste. Ha realizado algunos estudios como parte del Doctorado en Ministerio en el Seminario Fuller y en la Escuela de Teología de Houston.

Darrell Horn se ha desempeñado como Director Ejecutivo de la Asociación Bautista de San Antonio ubicada en San Antonio, Texas, desde 2015. Se desempeñó como Director Ejecutivo de la Asociación Bautista de San Felipe entre 2004 y 2015. Obtuvo un título de Doctor en Ministerio en Misiones y Evangelización del Seminario Teológico Bautista del Suroeste.

Bill Jones se ha desempeñado como Director Ejecutivo de la Asociación Bautista de Neches River ubicada en Crockett, Texas, desde 2005. Obtuvo un título de Doctor en Ministerio y un título de Doctor en Filosofía en Apologética del Seminario Teológico Bautista de Louisiana.

Gerry Lewis se ha desempeñado como Director Ejecutivo / Estratega Principal de la Asociación Bautista de Harvest ubicada en Decatur, Texas, desde 2008. Obtuvo un título de Doctor en Ministerio en Discipulado del Seminario Teológico Bautista Golden Gate.

Ernie McCoulskey se ha desempeñado como Director Ejecutivo de la Asociación Bautista de Kauf Van ubicada en Terrell, Texas, desde 2006. Obtuvo un título de Maestría en Divinidad del Seminario Teológico Bautista del Suroeste.

Anson Nash se ha desempeñado como Director Ejecutivo de la Asociación Bautista Corpus Christi ubicada en Corpus Christi, Texas desde 2012. Obtuvo una Maestría en Ciencias en Administración Elemental y Gobierno de la Universidad Texas A. & I.

John Thielepape se ha desempeñado como Director de Misiones para la Asociación Bautista de Parker ubicada en Weatherford, Texas, desde 2006. Obtuvo el título de Doctor en Ministerio en Ética Cristiana y Cuidado Pastoral del Seminario Teológico Bautista del Suroeste.

Roger Yancey se ha desempeñado como Director Ejecutivo de la Asociación Bautista Tryon-Evergreen ubicada en Conroe, Texas, desde 2004. Obtuvo el título de Doctor en Ministerio en Misiones del Seminario Teológico Bautista del Suroeste.

SOBRE TXADOM

La Asociación de Directores de Misiones de Texas (TXADOM) está compuesta por los directores de las asociaciones de iglesias bautistas locales en todo el estado de Texas. Los directores se reúnen dos veces al año con el propósito de promover el aprendizaje entre colegas, el desarrollo personal de líderes, el compañerismo y el apoyo mutuo. TXADOM proporciona un lugar neutral donde los líderes se reúnen para propiciar el aprendizaje y el crecimiento personal.

La Asociación de Directores de Misiones de Texas se compromete a maximizar el valor y el trabajo del Director de Misiones y el personal de cada asociación a medida que invertimos unos en otros para ayudar a las iglesias de nuestras asociaciones a expandir el Reino.

www.txadom.net

TXADOM
Texas Associational Directors
of Missions Network

www.ingramcontent.com/pod-product-compliance
Lightning Source LLC
Chambersburg PA
CBHW060943040426
42445CB00011B/977